高齢者向け賃貸住宅経営で成功する法

大谷光弘 著

セルバ出版

はじめに

もし、今あなたの家に住宅会社のセールスマンが、「節税対策にマンションの建築はいかがですか」と営業に来たらどのように対応しますか。

きっと、「こんなに空室だらけで賃貸マンションなんか建てられるか！　まずは空室を埋めてからだ！」こう答えるのではないでしょうか。まあ、ここまで言わなくても今後人口も減ってくるのにアパートやマンションを建てても不安だと思う方は多いでしょう。実際、今全国平均で空室率は23％になっています。もちろん、これは平均なので満室経営の大家さんもいれば、半分くらいしか埋まっていない大家さんもいるでしょう。どんな事業でもいくら市場規模が縮小しようが売上を伸ばし利益を出している会社は沢山あるからです。

例えば、地域格差も開いているので、人気があるエリアであれば家賃設定を間違えなければ満室になる地域もあります。反対に、空室対策の本や教材に書いてあることをあれこれ試してみても満室にならない地域もあります。２００５年くらいまでは、賃貸住宅は建てれば入るという状況でした。実際に新築でアパ・マンを建てても利益を出せた大家さんも多いと思います。

しかし、今後はそう簡単ではありません。２００７年、日本の人口はピークを迎え減少に転じました。更に２０１５年から世帯数も減少に転じています。そして現状の空室率を考えると、なかなか新規の賃貸経営に参入するのには勇気がいるのは確かでしょう。

今後爆発的に人口が増えたり移民や留学生が増えれば別ですが、劇的に変わる兆候はありません。また、事務所や店舗、倉庫などの商業施設も、リーマンショック後の深刻な不況と製造業の生産拠点の海外移転等で空室が多いです。地主さんや資産家にとっては有効な投資先がないのが現状です。

ところが、地主さんや土地を多く持った資産家にとっては、土地の有効利用はどうしても必要不可欠です。なぜなら、土地は持っているだけでは固定資産税がかかるので税負担が重いです。

さらに、平成23年は棚上げになった相続税の改正（継続審議中）ですが、遅かれ早かれ増税されるでしょう。もし、仮に今の改正案どおりになると、基礎控除は５０００万円から３０００万円に減額され、１人あたり１０００万円あった控除も６００万円に下がってしまいます。

ご主人と奥さんと子供２人という平均的な４人家族でご主人が亡くなった場合を例にとって見てみましょう。

【現行】　５０００万円＋１０００万円×３人＝８０００万円

【改正案】　３０００万円＋６００万円×３人＝４８００万円

税率も、最高税率が50％から55％へ改正されます。４８００万円という試算であれば、関東圏の自宅だけでも４８００万円の評価を超える家は珍しくないでしょう。都市圏では、もはや相続税は大衆税となりえます。

仮に３２００万円の基礎控除で最高税率を適用すると、３２００万円×55％＝１７６０万円の増税になります。その他にも、増税になる改正点はあるが基礎控除だけみても最高税率を適用すると

１７６０万円の増税になります。

このように、基礎控除が３２００万円も少なくなってしまいます。

日本の資産家は、不動産の割合が約70%といわれています。相続対策には、様々な手法がありますが、土地の割合が多い日本の資産家にとってはやはり相続税の圧縮対策としてはやはり土地活用は重要な対策法です。このような状況下で、めぼしい土地活用方法が見当たりません。資産家としては頭を抱えるでしょう。そんな地主さんや資産家にとって、「サービス付き高齢者向け住宅」（以下、サ高住《さこうじゅう》と略称します）は救世主になります。

まずは人口動態１つとっても、それは明白です。日本人の全体人口は減るものの、高齢者の数はこれから30年増え続けます。これから、団塊の世代が高齢者になっていくので急速に高齢者人口は増えます。国も危機感を抱いており、国土交通省は、10年間で60万戸の供給目標を掲げました。

現在の特別養護老人ホームには、全国で42万人の待機者がおり、今後、団塊世代が高齢者に加わることを考えると待ったなしの状況です。

そこで、国も相当な補助金を使って急ピッチでこのサ高住の整備を進めようとしています。平成22年度の補助金の予算は１６０億円でした。今後この予算は増えることはあっても減ることはないでしょう。今現在、１０００万円以上の補助金を利用してスタートできる土地活用法は他にはありません。

本書は、投資する側にとって非常にメリットの多い土地活用法を探している地主さんや資産家のために書きました。

超高齢者社会の到来に際して、投資する側、運営する介護事業者、入居者、地域社会すべての人が喜ぶ活用法であることを考えると非常に社会性があります。是非、本書を読んで地域社会に貢献しながら、成長分野に参入し成功を収めていただきたいと願うばかりです。

大谷　光弘

平成23年10月

高齢者向け賃貸住宅経営で成功する法　目次

①

高齢化社会の賃貸住宅経営のマーケットはこう変わった

1　こう変わった！　賃貸住宅の歴史（賃貸住宅の変遷）

賃貸住宅のトレンド

私が、まだ住宅業界に入りたての若い頃、地主さんから「昔の借家はよかった。その家賃で子供の学費が払えたんだよ」と聞かされました。これが、昭和30年代の借家建築ブームで賃貸住宅の成長期の初期でした。管理は大家さん自身で行っていて家賃も1万5０００円と非常に安かったのですが、建築費も安く「4～5年でもとがとれたよ」と教えてくれました。

その後は、ハウスメーカーや大手建築会社がこの分野に参入し着工件数も伸びました。管理は不動産会社が行うか、一括借上げシステムで行うのが主流になりました。

平成3年には生産緑地法の改正と三大首都圏の農地の宅地並み課税により、市街化区域の農地が宅地並み課税になり、そのため固定資産税がアップするということで、単身用のアパート・マンションが多く建築されました。バブル崩壊時に景気が悪くなり、法人が一斉に社宅を解約しました。そのためにバブル崩壊後は単身用の空室率が一時的にあがりました。

私が大学を卒業し、住宅会社に入社したのが平成6年で、市場ではまだバブル崩壊の影響が残っている状況でした。その後は、平成20年のリーマンショックまで、賃貸住宅の供給は40万戸～50万戸台を推移していました。

まだ記憶に新しいリーマンショックは、金融業界のみならず、賃貸住宅業界までをもあっという間に巻き込みました。特に製造業の盛んな地域では、工場の労働力は派遣社員が多く雇用されていました。景気の急速な減退による販売不振に陥り、生産調整と雇用調整が行われました。そうなると真っ先に派遣社員の雇用契約が打ち切られ、いわゆる「派遣切り」と社会問題になるほどでした。

仕事がなくなった派遣社員は退居していきます。住まいとして利用されていた単身用の賃貸住宅は退居申込みが殺到し、あっという間に空室が増えました。

現在では、新築でも満室になるのに2~3か月かかるケースも珍しくない

リーマンショック後は賃貸住宅市場ががらりと変わり、建築業者、一括借上げ業者、家賃滞納保証会社等の倒産が相次ぎました。その他では、大手建設会社の創業者が引退したり、アパート専門の建設業者が他社と資本提携したりしています。リーマンショック以前は、新築であれば、完成満室になっていることが多かったのですが、現在では、新築でも満室になるのに2~3か月かかるケースも珍しくありません。借家の着工数をみると、平成22年は、初めて30万戸を割って、衰退期に入ったことを物語っています。このように賃貸住宅マーケットは変遷をして現在に至っています。

今後は緩やかな下降線を辿ることが予想されますので、賃貸住宅の大家さんは今後更なる経営努力が必要になることは間違ないでしょう。

その他の傾向

賃貸住宅の広さも設備も変化してきています。例をあげると、バブル期までは、単身用のワンルー

【図表１　賃貸住宅の歴史】

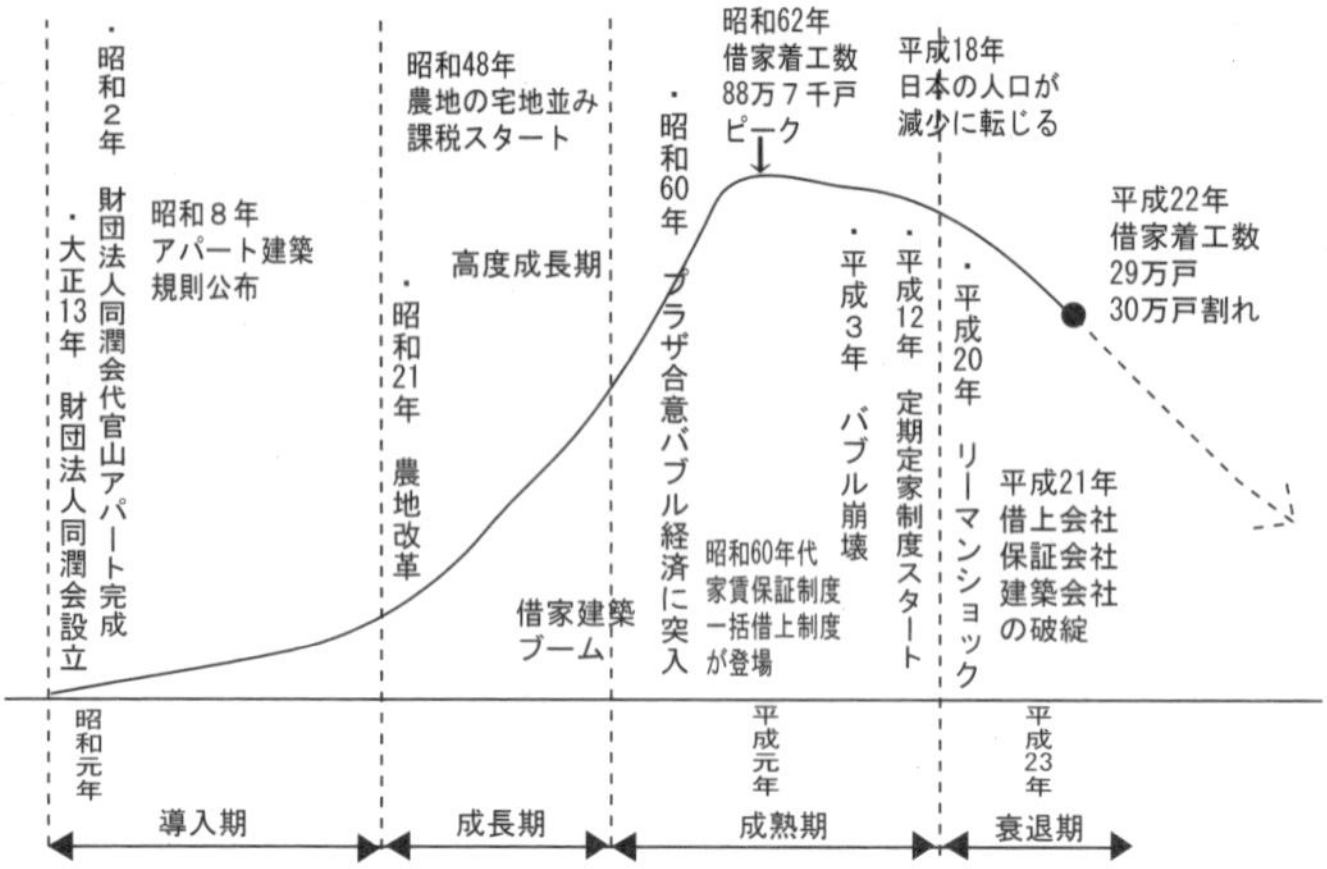

ムは、1戸あたりの面積が20㎡以下の住宅も珍しくありませんでした。

このときの水周りは、お風呂とトイレと洗面がすべて同じユニットになった、いわえる「3点式ユニットバス」と呼ばれるものが多かったのです。

これは、現在では、人気がなく、トイレが別になった「セパレートタイプ」が主流になっています。

概ね面積は広くなる傾向にあり、特にＬＤＫが広い物件が人気があります。

設備も徐々に豪華になってきています。例をあげると、お風呂は、追い焚き機能付、インターネット回線無料、ペアガラス、オール電化、浴室乾燥機、宅配ボックス、オートロックや防犯カメラ等のセキュリティーシステムなどが装備さています。

また、建て方や貸し方も多様化しており、現在では、戸建賃貸やルームシェアなどが話題になっています。

2　高齢者住宅のトレンドとライフサイクル

高齢者住宅のトレンド

ここでは、高齢者住宅の変遷を見ていきましょう。１９８０年代から高齢者住宅が建築され始めました。最初の大きな節目は、２０００年の介護保険のスタートです。それまでは宅老所などが建ち始め、特別養護老人ホームやケアハウス等の建築がスタートしています。

現在では、図表2でいうと、成長期の終盤から成熟期の最初あたりと予測されています。今後の政策や供給スピードによって今後の流れが変わってきます。

ライフサイクル曲線はS字カーブ

事業にはライフサイクル曲線というものがあります。事業をされている方は聞きなれた言葉だと思います（ライフサイクル曲線は、「導入期」「成長期」「成熟期」「衰退期（斜陽期）」「安定期」に分かれています）。アルファベットのSの字に似ているのでよくS字カーブといわれますが、これは、ビジネスが今どんな状態にあるかを教えてくれます。

自分の参入しようとしている事業が今どんなライフサイクルの時期に当てはまるのかをよく見極めることが重要です。

前項の賃貸住宅のライフサイクルは完全に「衰退期」に入っているといえるでしょう。成長期の

【図表２　高齢者住宅マーケットの推移】

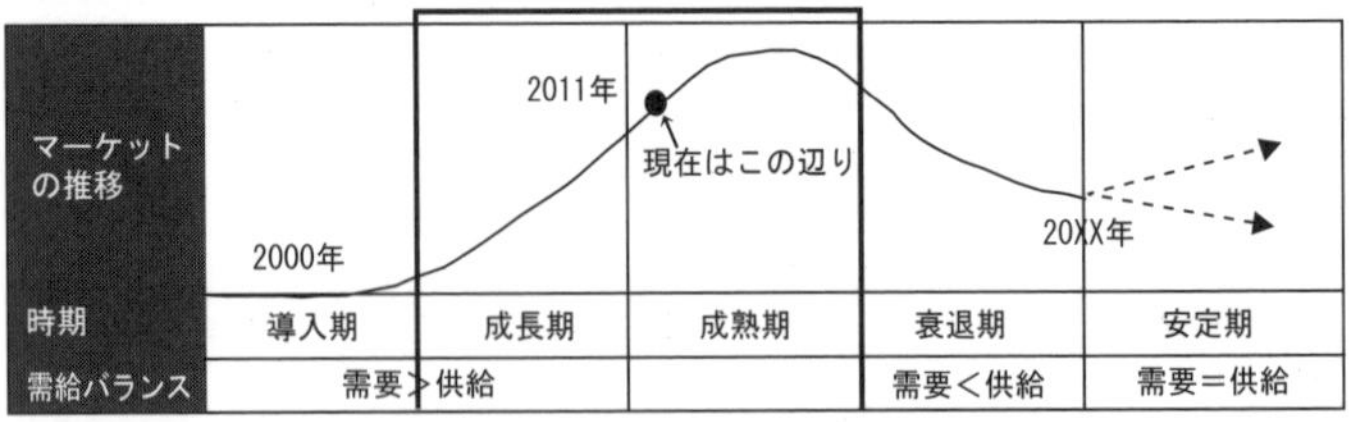

目安は、大手が参入してきたときといわれています。

そういう意味で、高齢者住宅は、成長期の終わりから成熟期の最初あたりではないかという専門家の意見が多いです。今後、国土交通省の補助金が出ることで供給のスピードが上がることは間違いないでしょう。

今ならまだ、このマーケットに参入しても遅いということはないと思います。しかし、この後10年後というと、どのようになっているか予想ができません。参入するなら早いほうが有利になることは間違いありません。

遅くても5年以内の参入が望ましいと思います。理由は、2つあります。

1つ目の理由は補助金がなくなってしまう可能性があるということです。ある程度市場に供給がされれば補助金はなくなるでしょう。

2つ目は、建築したくても介護事業者が「運営します」と手をあげてくれなくなる可能性がでてくるということです。逆の立場になって考えてみるとよくわかると思いますが、先に有力な介護事業者が高齢者住宅を運営していたとすると、新規に競合のあるエリアに後から出店する方としては、慎重にならざるをえません。

競合相手がいない空白の地域であれば、出店の決断も早くなるでしょう。

この事業は陣地取り合戦みたいな側面があり、早く出店して地域に根付いたほうが有利な事業ですので早めの参入をおすすめします。

3　42万人が待っている高齢者向け住宅（高齢者マーケットの現状）

介護施設は既に待機者でいっぱい

特別養護老人ホームは、全国で42万人の人が入所を待っており、圧倒的に不足しています。老人保健施設は32万人、介護療養型病床では11万人、医療療養型病床では25万人です。この３大介護施設すべて合わせると、１１０万人の人が待機している状態です。

これは、高齢者人口約２９００万人のたった３・７％（１１０万人）分しか供給されていません。北欧、アメリカ、イギリス等の高齢者の多い諸外国では５％以上供給さていますので、日本の施設の整備は遅れているといわざるを得ません。

総量規制が供給を遅らせている

現在、日本には総量規制がかかっており、３大施設の他、グループホームやケアハウス、有料老人ホームも対象になっています。これらは国が策定する介護保険事業計画（以下、介護計画といいます）にそっており、民間で勝手に施設をつくることが許されていません。この介護計画は現在第４期計画にあたりますが、介護施設の新設、増床計画の達成率は45％に留まっている状態です。

さらに２０１７年より介護療養型病床の廃止及び老人保健施設への転換が進められていきます。政府としては、介護施設の建築には多くの費用がかかるので国費の負担も大きいといわれています。

【図表３　３大介護施設の待機状況】

特別養護老人ホーム		42万床
老人保健施設		32万床
介護療養型	病床	11万床
医療療養型	病床	25万床
合計		110万床

出所：2008年　タムラプランニング＆オペレーティング

- ３大介護施設（①特養、②老健、③療養病床群）は、圧倒的に不足している。
- 特別養護老人ホームには、全国で42万人が入所待ち（待機）の状態。
- 高齢者人口約2,900万人のたった3.7％（110万人）分しか供給されていない。
- 北欧、アメリカ、イギリス等の高齢化率の高い諸外国でも、５％以上の供給をキープ。

【図表４　総量規制の対象】

グループホーム	13万床
ケアハウス	８万床
介護付有料老人ホーム	17万床
シニアマンション	３万戸
高齢者向け優良賃貸住宅	１万戸
高齢者専用賃貸住宅	３万戸
合計	45万床

出所：2008年　タムラプランニング＆オペレーティング

- ３大介護施設のほか、グループホーム、ケアハウス、有料老人ホームも総量規制の対象。
- つまり、介護計画に基づいて建設（増床）され、民間で勝手に建設することができない。
- 第３期介護計画における介護施設等の新設・増床計画の達成率は45％。
- 2017年より、介護療養型病床の廃止、および老人保健施設への転換が進められている。

施設をつくると介護保険の負担も大きいので今後も抑制していく方向です。

高齢者に関する事件・事故が多発

全国で８５３棟の高齢者向けの無届施設が確認され問題になっています。

そして、２００８年、介護の現場では介護施設内虐待数は１年間に70件との報告がありますが、恐らくこれは氷山の一角で実態は計りしれません。また高齢者に対する家庭内の虐待件数はわかっているだけで１万４８８９件で死亡例は24人です。

また、警察の統計によると高齢者の交通事故はこの10年で１・３

倍に膨れ上がっています。更に高齢者を対象とする刑法犯罪も年間1千件を超えており、手立てが必要な状況にあります。

このような状況を少しでも改善するために民間の力を使ってサ高住の供給が急がれています。サ高住に入居することで、高齢者1人での買い物などの外出も少なくなりますので、交通事故も減りますし高齢者を対象とした犯罪も減ることが予想できます。

また、家庭内で介護をする家族の負担も減り、虐待も減ることが期待できます。

施設の整備は地域差がある

厚生労働省老健局計画課調べによると、介護施設の整備状況は、地域差があります。平成17年度の保険3施設にグループホームと特定施設を合わせた施設数を平成18年度の予想高齢者人口見込みで割った平均は3・94％でした。

高齢者人口に割合による未整備の上位5都道府県は、1位が千葉県で約2・9％、以下2位・埼玉県、3位・東京都、4位・滋賀県、5位・神奈川県の順でした。

逆に整備が進んでいる地域の上位5位は、1位が徳島県で約5・5％、以下、2位・石川県、3位・長崎県、4位・富山県、5位・鳥取県の順になっています。順位をじっくり見てみると、相対的に関東圏、関西圏、中部圏の3大都市圏の整備状況が遅れていることがわかります。今後はさらに都市部の高齢者人口の増加が見込まれていますので、この地域差はより開くのではないかと予想できます。ですから、都市部ほど高齢者住宅の供給を急ぐ必要があると感じています。

4　社会問題になっている高齢者の孤独死

孤独死の現状

平成22年10月27日付の朝日新聞によると、平成21年度に全国98の自治体が運営する公営団地で孤独死した人が少なくても1191人で、このうち65歳以上の高齢者が879人と73・8％を占めていることが全国調査でわかりました。

【図表５　孤独死の記事の一部(朝日新聞)】

公営団地　孤独死1191人

65歳以上は７割超

昨年度・本紙全国調査

UR（都市再生機構）団地での65歳以上の孤独死を合わせると1日に約4人が孤独死していることになります。警察庁や厚労省には孤独死に関するデータはなく、このデータは一部の公営団地とUR団地だけの数値ですので、実際はこの何倍もの高齢者が孤独死していると予想されます。

高齢者がいる世帯の50％以上が独居や老夫婦のみの世帯

平成17年度、総務省の国勢調査の結果によると、独居世帯は386・5万世帯（全体の22・5％）。

【図表６　高齢者市場の現状】

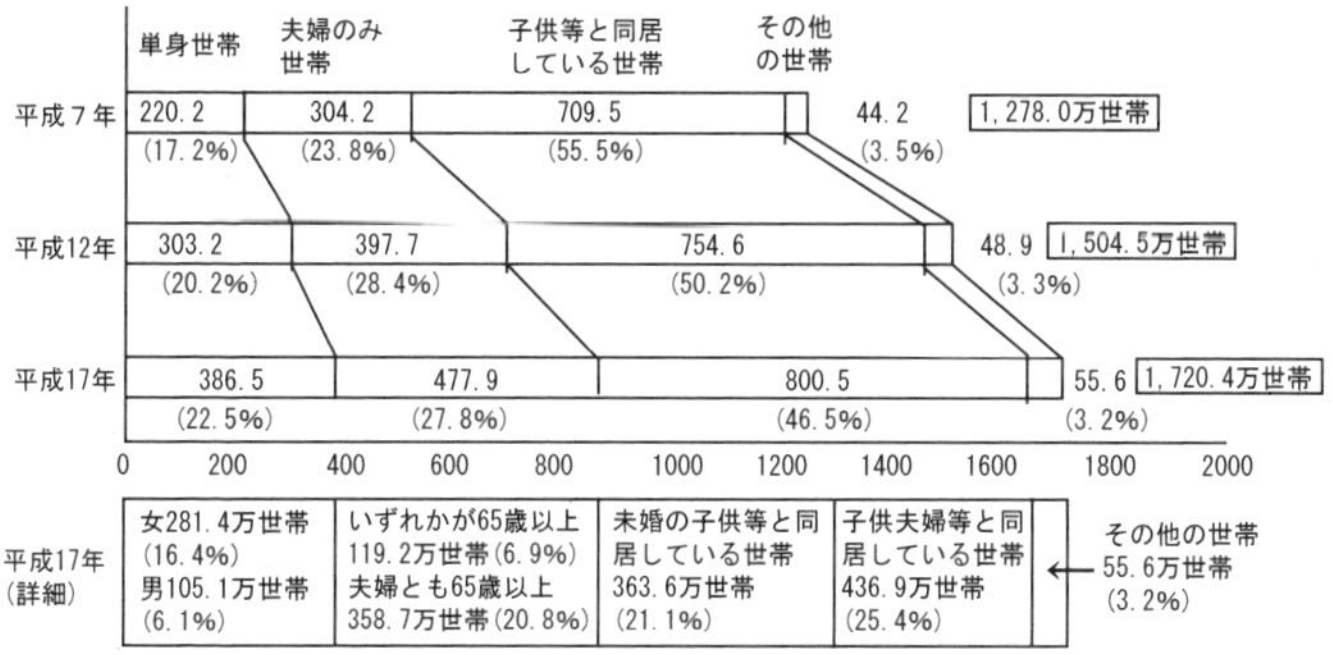

出所：総務省「国勢調査」平成17年

老夫婦のみの世帯が４７７・９万世帯（全体の27・８％）で合計すると８６４・４万世帯（全体の50・３％）にも及び、既に高齢者がいる世帯の過半数が独居や老夫婦のみの世帯となり、いかに高齢者世帯が多いかが明らかになっています。

２０２５年には、高齢者の５人に１人が独居高齢者

前項のとおり平成17年の独居老人世帯は３８６・５万世帯です。総務省の将来の予想では、２０２５年には男女合わせると６８０万人に達するとしており、高齢者人口の20％にあたり５人に１人が独居高齢者ということになります。

２０２５年は平成37年ですので、平成17年から平成37年の20年で２９３・５万世帯の独居老人世帯が増えます。

また、独居高齢者の33・８％は賃貸住宅に住んでいるというデータもあります。これらのデータからもサ高住のような賃貸住宅の供給を急ぐ必要があると強く感じてなりません。

今後の看取りの場所

厚生労働省の資料によると、２０３０年には、年間に

【図表７　増加する高齢者１人暮らし世帯】

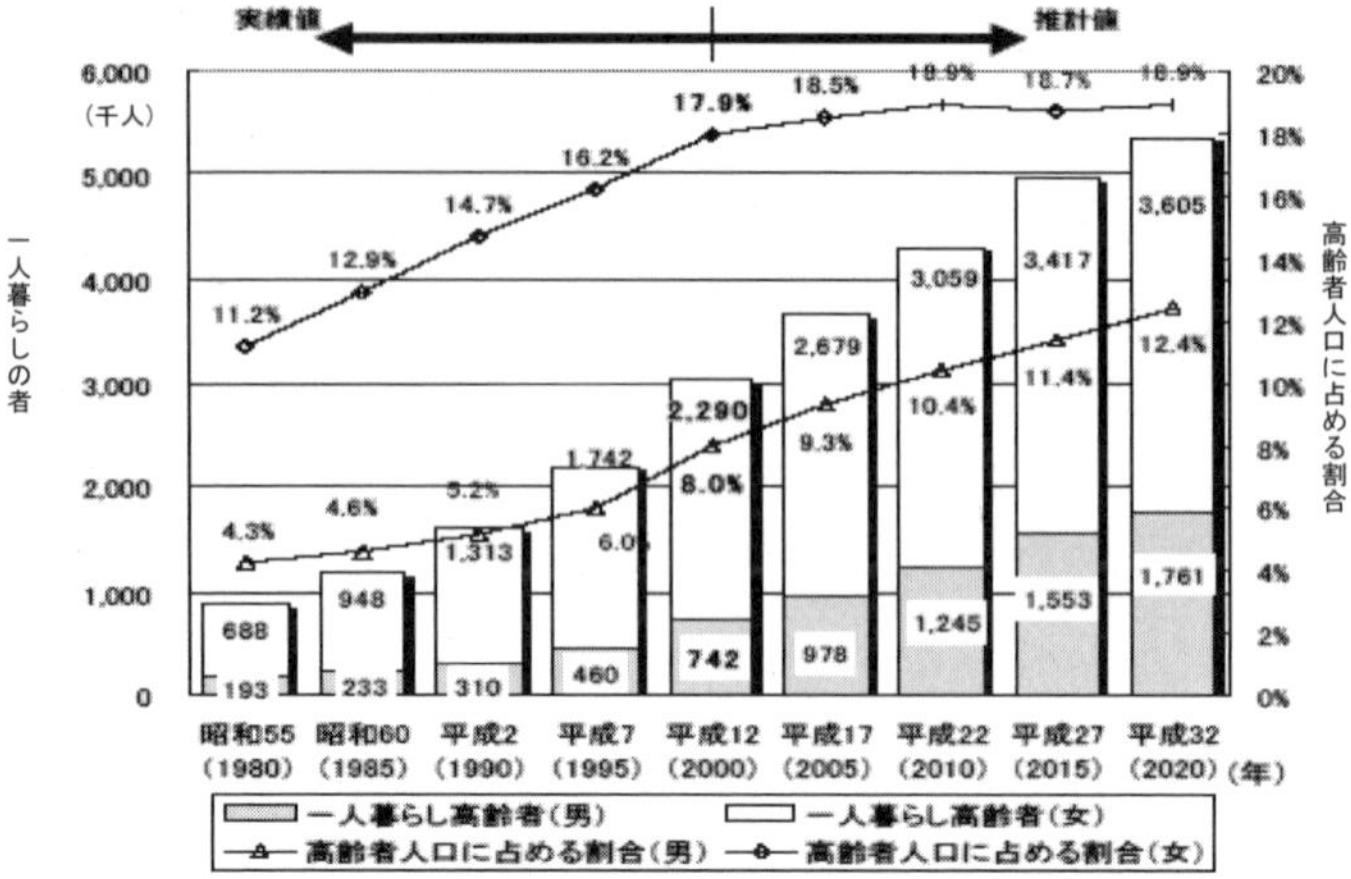

出所：総務省「国勢調査」、国立社会保障・人口問題研究所「日本の世帯数の将来設計（2003年10月推計）」

１６０万人以上の人が亡くなると予想されています。

その看取り場所の内訳としては、医療機関は約89万人、介護施設は９万人、自宅は20万人、その他として47万人と予想しています（医療機関は、現在と同等数、介護施設は２倍、自宅は１・５倍に増加したとして試算）。

今後、医療機関や介護施設をこれ以上増やすのは、国の予算としては無理なのは目に見えています。

医療機関の病床はダウンサイジングによりもっと減っているかもしれません。独居の人が自宅で最後を迎えると孤独死になります。この数字は、本当に看取りの場所のあり方を考えされられます。

そうなると今後は、「その他の47万人」の一部は新しい在宅として、また、「看取りの場所」「終の棲家」としてのサ高住ということになるのではないでしょうか。

5　２・５人に１人が高齢者の時代！（高齢者マーケットの今後の予想）

今後の人口動態予想

日本の人口は、２００７年にピークを迎え徐々に減少しています。皆さんもよく知ってのとおり、人口は減っていきますが、その中で高齢者の人口割合は急激に増えていきます。２０１０年では、２９４１万１千人の高齢者人口が２０４０年には３８５２万７千人になると予想されています。

割合にすると２・５人に１人が高齢者ということになります。

実際は１・３人で１人の高齢者を支える!?

前項とは逆に、０歳～19歳を除く20歳～64歳の労働人口は２０１０年には、７５２２万３千人いましたが、２０４０年には、５０６０万８千人に減少します。したがって、５０６０万８千人で３８５２万７千人の高齢者を支えなければいけない状況になります。つまり、１・３人で１人の高齢者を支えることになります。これはとても考えさせられる状況だといえるでしょう。

日本の将来像は明るくない？

これらのデーターを見ると、私はいつも少し暗くなります。少し想像力を働かせてみてください。

【図表８　高齢化の推移と将来推計】

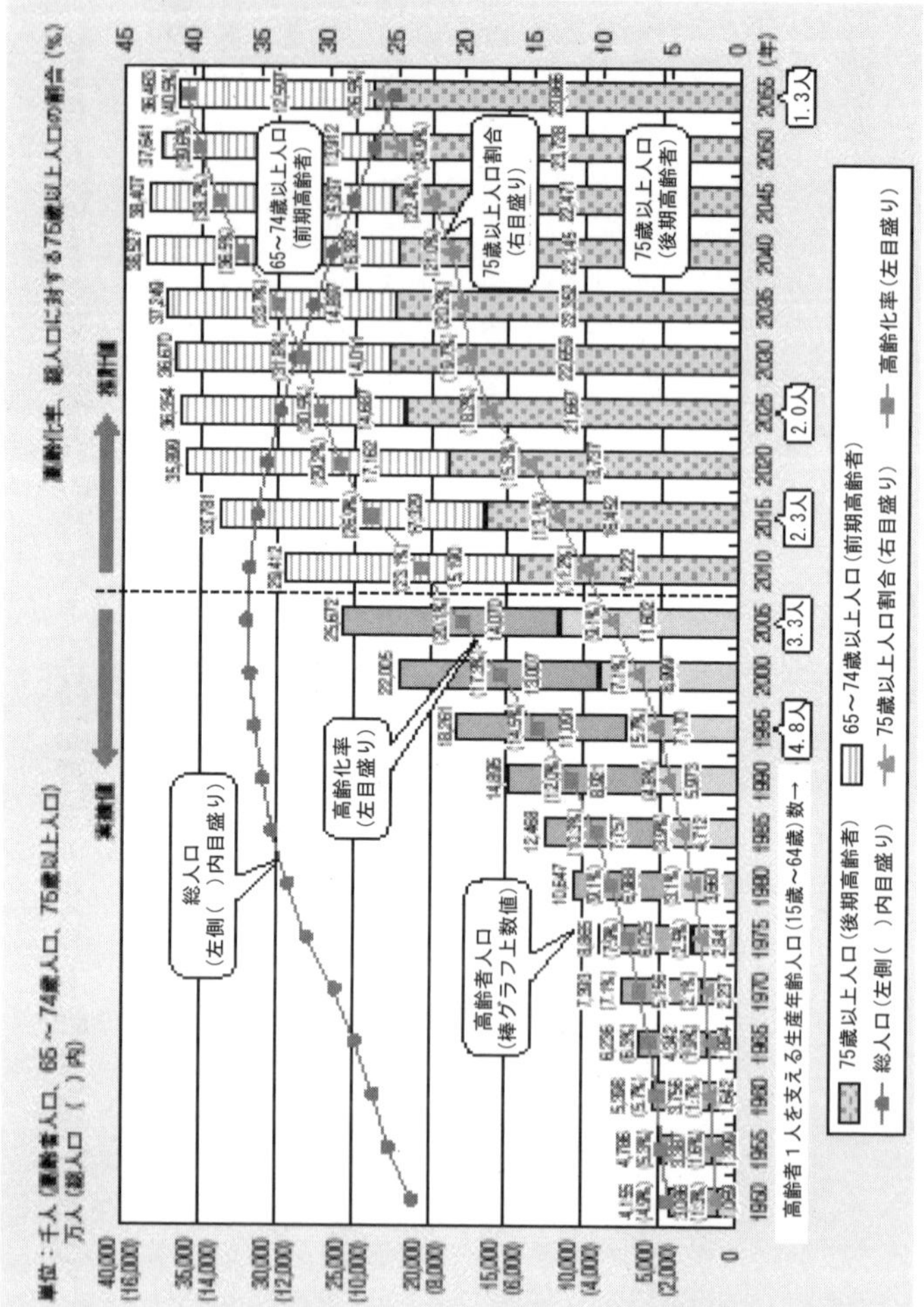

出所：総務省「国勢調査」、国立社会保障・人口問題研究所「日本の世帯数の将来設計（2006年12月推計）
出生中位・死亡中位仮定による推計結果」

【図表９　少子高齢化と人口減少】

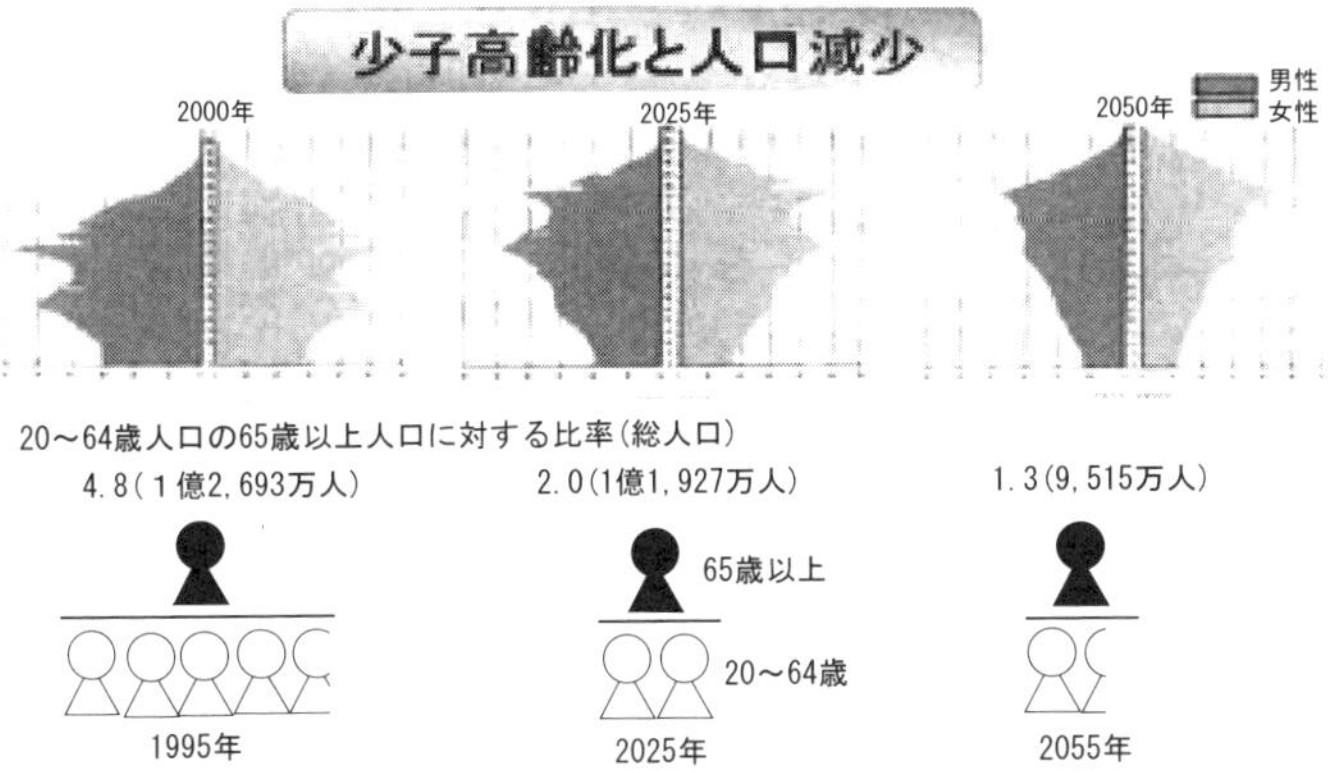

出所：国立社会保障・人口問題研究所より

皆さんご存知のとおり出生率が下がり一人っ子も増えていますので、一人っ子同士が結婚するケースも出てくるでしょう。そうなると、２人で４人の親の面倒を見なければいけなくなります。さらに、日本人の平均寿命は延びていますので、ひい爺さんやひい婆さんがいたら２人で６人とか８人の面倒を見なければいけない人も出てくるかもしれません。一方でサラリーマンの平均年収は右肩下がりです。そうなると余計に出世率の低下が懸念されますし、共働きの世帯も増えることでしょう。このような環境で自宅での介護には限界を感じるばかりです。

また、これだけ人口構造が変わると、介護する人が足りなくなるということで海外から介護する人の受入れが始まっています。しかし、日本語での試験が難しく、専門職の試験に合格できず、まだ課題は多いようです。20年後、30年後の日本の介護現場は、どんな風景になっているのでしょうか。課題を克服してよりよい体制づくりがなされることを願ってやみません。

6　深刻な２０２５年問題（国の課題と「高齢者向け住宅」の整備目標）

サ高住の整備目標

政府は10年間で高齢者専用賃貸住宅（サ高住の旧名称）を60万戸整備すると発表しました。図表10が平成22年8月25日付の朝日新聞に掲載された記事です。ポイントは、高額な一時金が必要な有料老人ホームではなく、「一定の所得がある人の住まいの整備」をする点です。

後期高齢者人口増（75歳以上人口）

総務省のデータによりますと、75歳以上人口は、２００５年から毎年２００万人以上増える見込みです。

【図表10　高齢者住宅整備の記事の一部（朝日新聞）】

高齢者住宅整備
10年間で60万戸
国交省、介護・安否確認付き

この3割程度が施設や高齢者住宅に居住すると見られています。

２００５年から２０１０年（２６２万人増）／２０１０年から２０１５年（２２３万人増）／２０１５年から２０２０年（２２８万人増）／２０２０年から２０２５年（２９３万人増）

いよいよ団塊の世代が後期高齢者になる

もう少しミクロに人口動態をみてみましょう。前項のような発表を国土交通省が出した背景には、人口ボリュームの大きい団塊の世代が２００５年から２０１５年の間に高齢者になり、その後２０１０年から２０２０年の間に介護の必要な後期高齢者になるからです。

現在でも特別養護老人ホームに42万人の人が待機しているのに加えて、団塊の世代が介護が必要な状況になります。世帯でいうと２０１０年から10年間で75歳以上の世帯が２５０万世帯増えると予想されています。この状況は、本当に待ったなしの状況です。サ高住は本当に、高齢者住宅の解決を担う社会的に意義のある事業だといえるでしょう。

なぜ２５０万戸ではなく60万戸なのか

人口問題研究所のデータによると、今後10年で75歳以上の世帯が２５０万世帯増えると予想しています。それなら２５０万戸増やせばいいのにという疑問を感じる方もいると思います。理由は、高齢者の全員が施設や高齢者住宅に入るわけではないからです。

介護施設や高齢者住宅に入る方の割合は約30％といわれています。残りの7割は在宅となります。また、経済的な負担もさることながら、高齢者本人としてはできるだけ自宅に住みたいというのが希望です。また、地方を中心に、高齢者の家族もおじいさんやおばあさんを施設や高齢者住宅に住まわせるのに抵抗がある方が根強いということも関係しています。２５０万世帯×30％＝75万世帯

残り15万世帯は多少の施設の増設と自宅での介護の増加を見込んでいるのです。

7　超高齢化社会と財政

先進国の中でもトップクラスの赤字国債

日本の一般会計の累積赤字国債は平成23年度末で６６７兆円の見込みです。これは主要先進国の中で対ＧＤＰの比率でも最悪の水準となっています（図表11参照）。

その悪化要因の１つは社会保障関係費です。平成23年度の予算ベースで92兆円のうち社会保障関係費は28・７兆円で全体の31・１％です。税収ベースで計算すると、税収は40・９兆円ですから約70％が社会保障費ということになります（図表13参照）。この社会保障関係費は平成２年から比べると17・１ポイントも増え、金額的には倍以上になっています。

また、社会保障関係費は、年金や、医療、介護、福祉などの給付で各保険料で賄えない分が一般会計から歳出しています。医療と福祉を合わせると、全体の約50％にあたります。年金は削れませんので、医療費をできるだけ削減し、削減できない介護費用は、伸びをなるべく抑えたいと考えるのは国として当然のことだといえるでしょう。

（財）生命保険文化センターの「平成22年生活保障に関する調査」によると、直近の5年間に入院した経験のある人４０８人が自己負担した費用の平均は20万円でした。これは現状自己負担は３割負担なので、逆算すると、１か月入院すると医療費は67万円。健康保険の負担部分は７割ですから約47万円にもなります。皆さんは、この数字をどのように考えるでしょうか。

【図表11　純債務残高の国際比較（対GDP比）】　（対GDP比、％）

暦年 / 国名	2005	2006	2007	2008	2009	2010	2011
日本	82.7	84.6	81.5	96.5	110.0	116.3	127.8
米国	42.1	42.5	42.6	48.2	59.8	67.3	74.8
英国	25.9	27.1	28.5	33.0	44.0	56.3	62.4
ドイツ	47.2	49.3	42.2	43.9	47.9	50.1	50.2
フランス	45.3	43.2	34.8	42.7	49.3	56.6	60.2
イタリア	92.5	93.8	87.1	89.9	100.5	99.1	100.6
カナダ	35.2	31.0	22.9	22.4	28.4	30.4	33.7

注：数値は、一般政府（中央政府、地方政府、社会保障基金を合わせたもの）ベース。
出所：OECD「Economic Outlook 89」（2011年６月）

【図表12　社会保障給付費と社会保険料収入の推移】

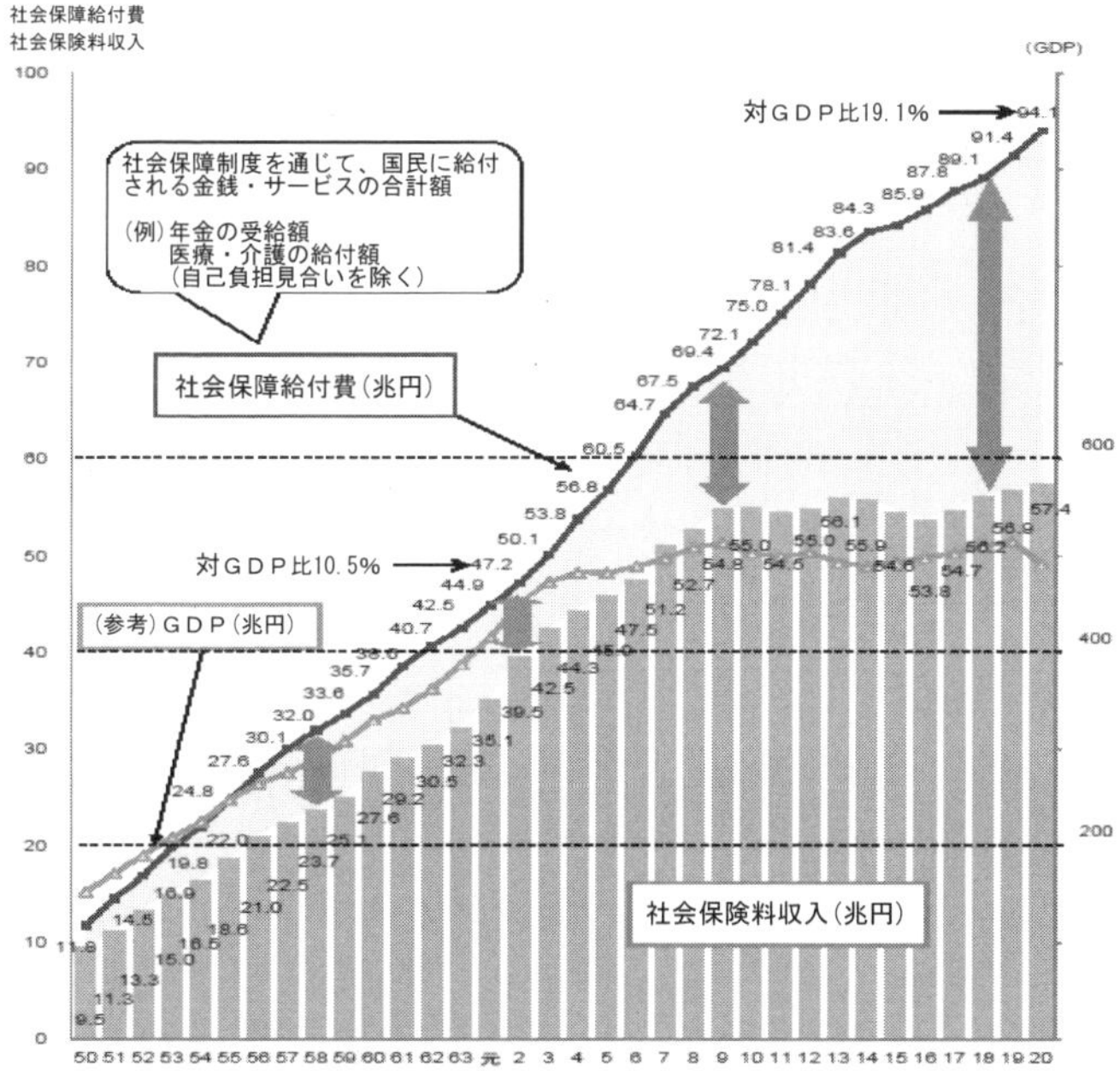

出所：国立社会保障・人口問題研究所「社会保障給付費」

【図表13　国の一般会計歳入・歳出における社会保障関係費の割合】

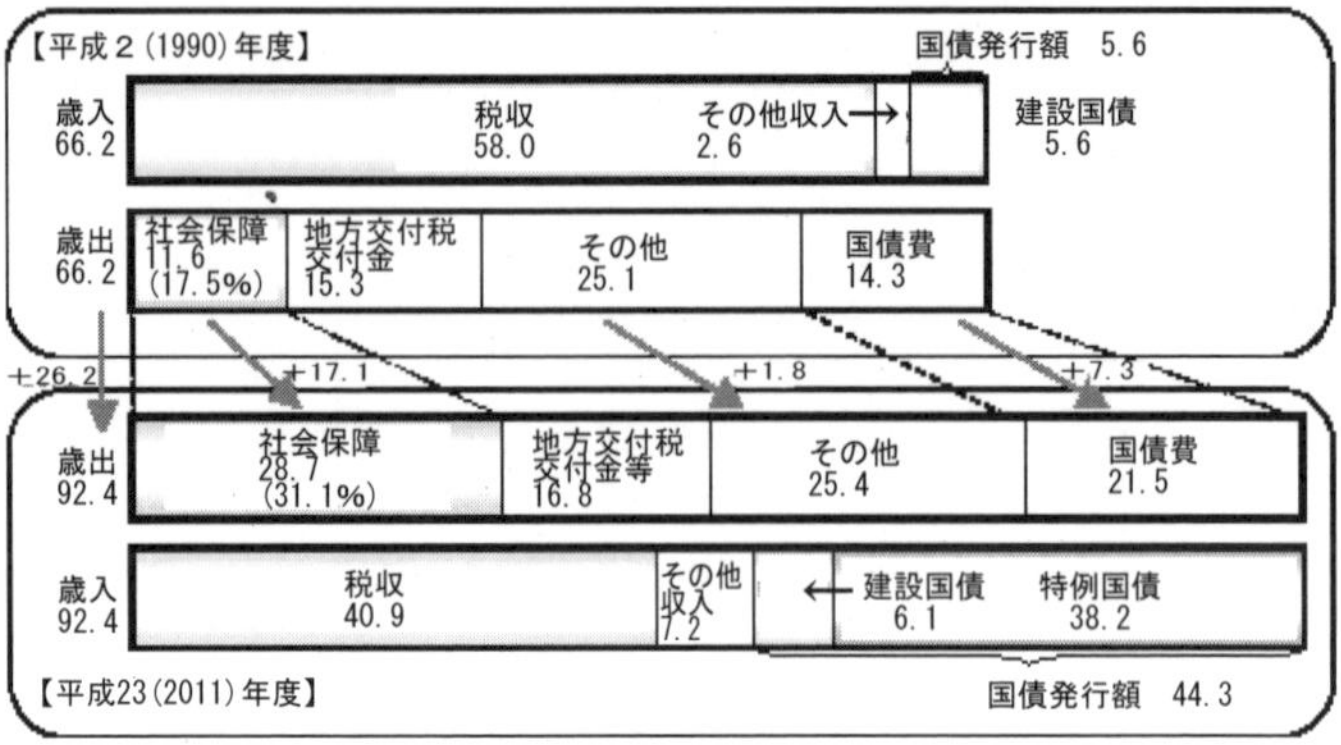

出所：財務省資料

日本の超高齢化社会は他の先進国の中で、どの国も経験していない状況で未知の世界といわれています。

施設を増やすと国の財政を圧迫する

特別養護老人ホームなどの施設を増やすと、介護保険を満額使うため介護保険の利用額が増えます。

また、施設をつくると、平均的なもので10億円単位の建築費が必要になります。そして、そのお金の大部分が補助金で賄われているのです。

そのため政府としては、介護施設をあまり増やしたくないと考えています。基本は在宅で必要な介護サービスだけを利用してもらい、介護保険の利用をなるべく抑えようとしているのです。

サ高住は、施設ではなく住宅ですので在宅にあたります。高齢者自身でできることは自分で行い、必要なときだけ介護サービスを受けるというシステムです。

このように財政的なことを考えても今後サ高住が介護のトレンドとなる理由があります。

8　医療法人の苦悩

医療法人の収入は年々減ってきている

皆さんの中には、病院は儲かるというイメージがあると思います。しかし、医療法人の経営も徐々に変化してきています。

図表14のように一般病床は１９９２年の１２７万床から減少の一途を辿り、２００９年には90万床と約37万床減っています。その代わりに療養病床が増えていますが、総病床数は１９９０年から２００９年では約20万床減少しています。それは医療費削減のための誘導が行われているからです。

皆さんの周りで最近病院に入院した人はいますか。もしいたとしたら、「すぐ他の病院に移された」「すぐ退院させられる」などの声を聞いたことがあるのではないでしょうか。これは、裏づけのある話で、１９９０年に平均の（在院）入院日数は38・４日であったのが、２００９年には18・５日になっています。最新のデータによると平均の在院日数は18・２日まで減っています。

これは、医療保険の報酬制度も深く関係しており、入院したばかりの処置が必要なときは、検査や手術、薬の投与も多く病院も医療費を多く稼ぐことができます。しかし、患者が安定期（慢性期）になるとある一定の薬を投与するだけとなり、医療報酬が少なくなりますので、なかなか療養のための長期入院は難しく、早く退院をさせられます。経営的にも中規模の病床を持つ病院は、経営状態が厳しくなっており、ベッドの回転率を上げたり病床を減らすなどの対応を迫られています。

【図表14　総病床数の推移】

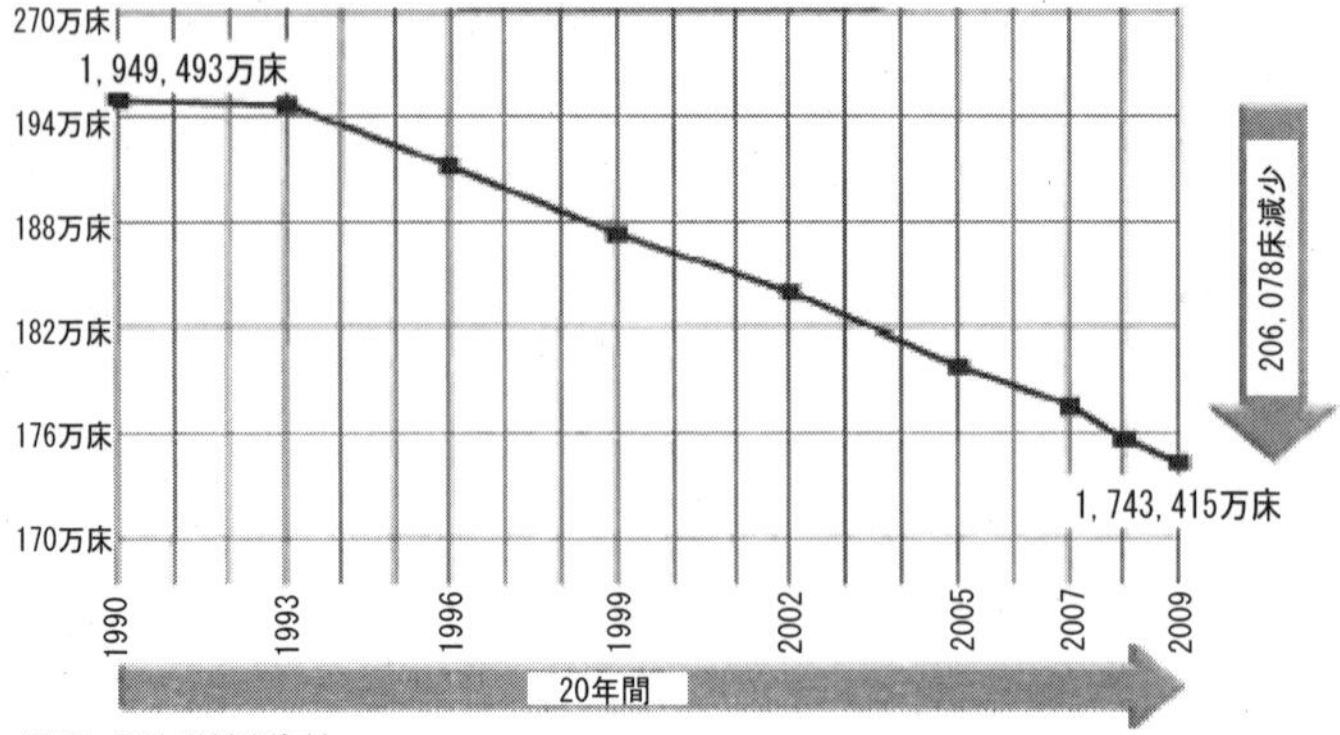

出所：厚生労働省資料

【図表15　施設の種類別にみた平均在院日数の推移】

	平成11年(1999)	平成14年(2002)	平成17年(2005)	平成19年(2007)	平成20年(2008)	平成21年(2009)	平成22年(2010)
平均在院日数	39.8	37.5	35.7	34.1	33.8	33.2	32.5
精神病床	390.1	363.7	327.2	317.9	312.9	307.4	301.0
感染症病床	11.0	8.7	9.8	9.3	10.2	6.8	10.0
結核病床	102.5	88.0	71.9	70.0	74.2	72.5	71.5
一般病床	27.2	22.2	19.8	19.0	18.8	18.5	18.2
療養病床	165.3	179.1	172.8	177.1	176.6	179.5	176.4
介護療養病床	…	…	…	284.2	292.3	298.8	300.2

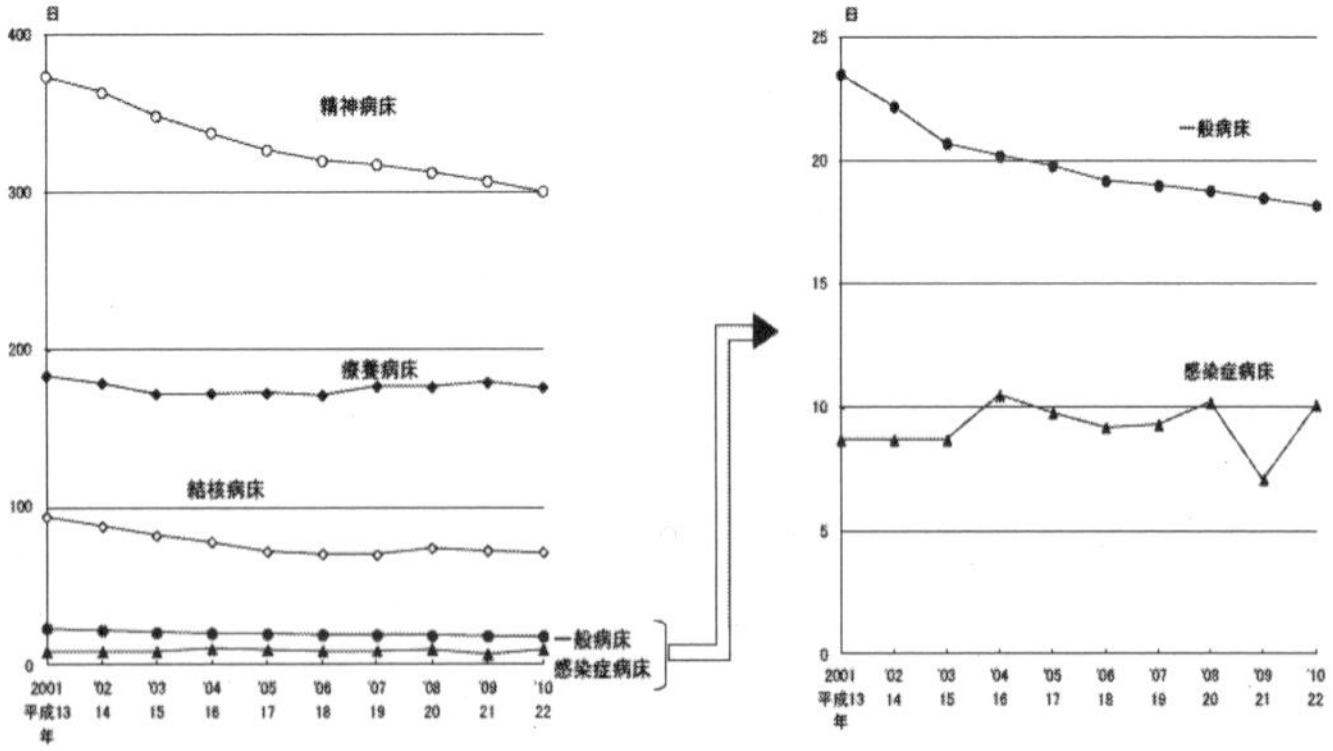

注：1)「一般病床」は、平成13～15年は「一般病床」及び「経過的旧その他の病床（経過的旧療養型病床群を除く。）」である。
2)「療養病床」は、平成13～15年は「療養病床」及び「経過的旧療養型病床群」である。

9 高齢者住宅の必要性（退院しても帰るところがない高齢者）

早く退院させたい病院と帰るところがない患者

前項で病院の入院日数が減ってきていることや、それには医療報酬が関係していることを述べましたが、さらに病床の利用率も下がっているのです。なぜなら、救急の患者を受け入れようと思うと常に多少のベット数を空けておかないといけないからです。救患を受け入れている病院は、病状が安定すると他の病院に患者を移転しようとします。急患を受け付けていない病院もどんどん患者の移送を受け入れていくと当然こちらも満床になります。

そこで、長期入院の急患を退院させようとしますが、家族は家で介護をするのが大変であったり、独居で、帰っても誰も面倒を見てくれない人達は帰る場所がなく行き場を失うので、結局病院に留まることになります。

急患をメインとした病院は急患を受けていない病院にサ高住等をつくり早くベットを空けるように要請しています。しかし、実際にはこれがなかなか進まずにいます。そのために救急をメインとした病院が自分達でサ高住を建築したり、地主さんに建ててもらい借り上げて運営を始めています。これが新たな在宅と呼ばれているものです。

そして、医療法人は戸数の多いサ高住を運営し、医療現場は、そこに住む患者への効率的な訪問医療へとシフトし始めています。

昨今、病院の病床の減少、来院数の減少、在院数の減少、空きベットの確保などの理由で病院がサ高住を経営するのをよく見かけるようになりました。建物は自ら建てる場合と借りる場合があります。

例えば、自分の敷地に余裕がある郊外の病院の場合は、自らの敷地に自らの資金で建築します。そして、別会社を設立し運営までするケースや、地主さんの土地に建ててもらってそれを一括で借上げをして運営するケースです。そして、病院が運営している高齢者住宅へ訪問診療を行います。

【図表16　以前】

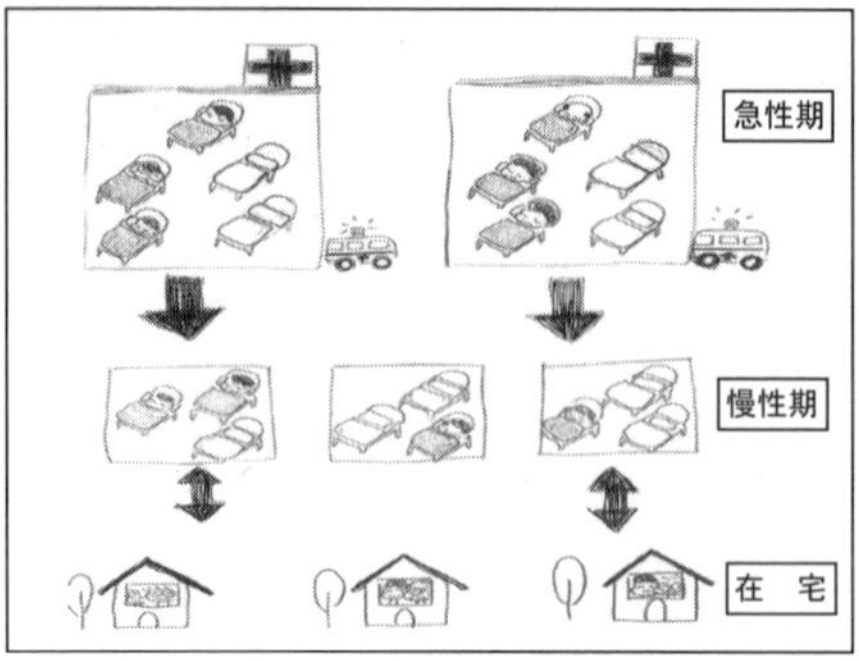

【図表17　現在】

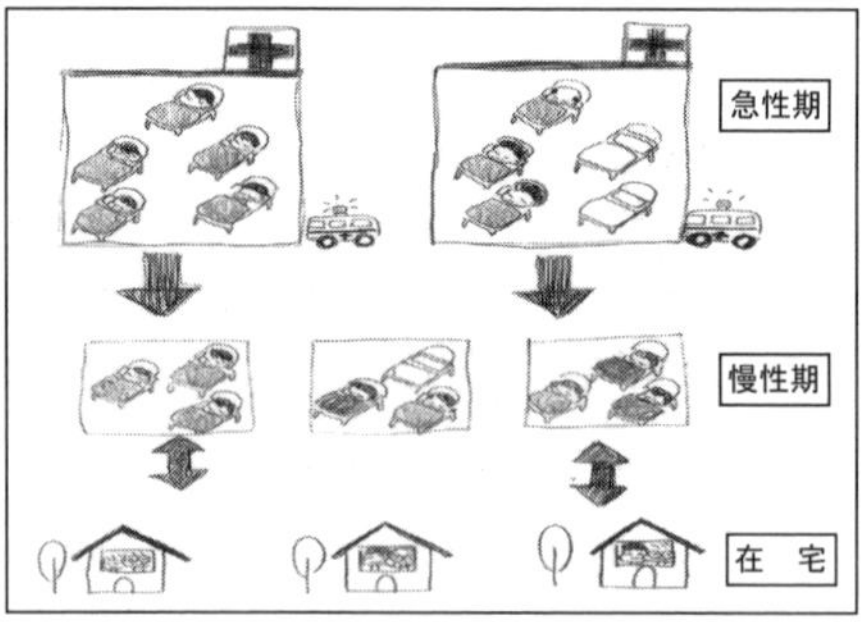

【図表18　今後】

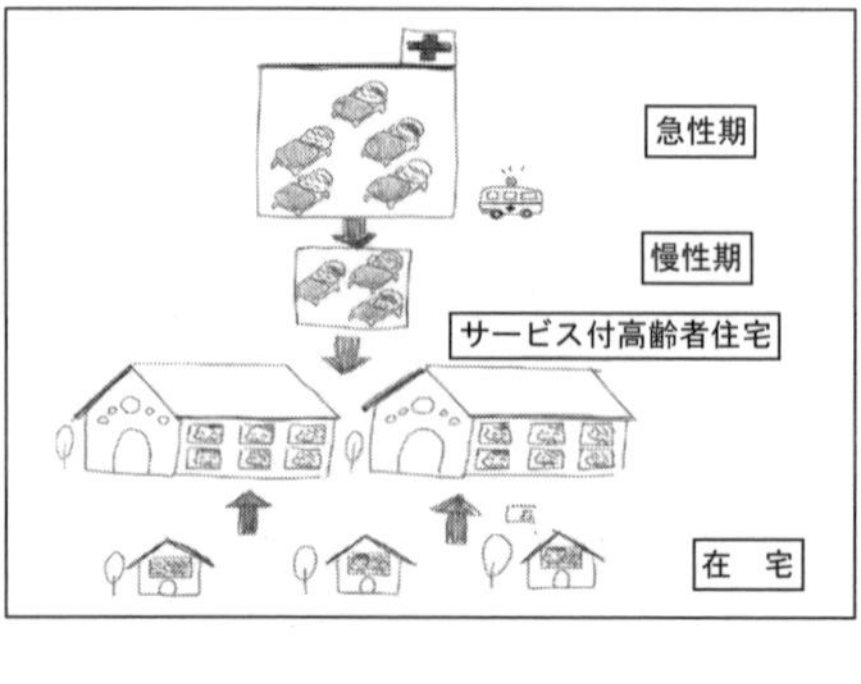

病院による高齢者住宅経営

病院側のメリットとしては、医療報酬の減少を訪問医療という形でカバーできます。入居している高齢者としては、定期的に医者が往診してくれるので安心できます。病院が経営することのメリットはこの安心感があることです。

また、病院側は自分の病院の患者を住まわせることにより入居者確保にはほとんど困らないでしょう。また、高齢者の病状が悪化し入院する際も他の病院に行ってしまうという患者の流出を防ぐことにもなりますので、病院としてはメリットが多いと思います。

地主さんに高齢者住宅の建築を提案する場合も、地元の有力病院の一括借上げとなると安心されてか話が早く進むことが多いです。

このように積極的に医療から介護まで手がける病院は今後も増えるのではないかと予想されます。

医療制度改革がこの流れをつくった

昭和20年代は8割の人は自宅で亡くなっていました。しかし、平成21年になると逆に8割の人が病院で亡くなるというように看取りの場所が逆転しました。

また、家庭の事情や経済的事情により医療的な処置を必要としないにもかかわらず入院を継続しているいわゆる社会的入院等による医療費の増大を危惧した厚労省は、国庫負担を減らそうと2003年にDPC（診断群分類包括評価）を導入し、平均在院日数を大幅に短縮することに成功しました。加えて、医療改革の一環として訪問医療を促進するために在宅医療関連点数の増額も行いました。在宅への流れは、医療の報酬の整備により確立されたといってもいいでしょう。私も事情が許す限り介護も医療も在宅が基本だと思いますので、この流れがより促進されることを願っています。

第１章のまとめ

今後、日本の人口は、減少していきます。２０１５年を境に人口に加えて世帯数も減り始めます。そうなることで、空室率はもっと上昇し、社会問題になってくるでしょう。そんな中で人口割合が増えるのは高齢者市場です。

まだまだ、高齢者の施設や住宅は不足しています。また、医療法人も医療報酬の改定により、経営改革を求められている状況にあり、地域包括ケアに向けて少しずつ動き始めています。

地主さんや大家さんは、固定資産税、所得税、相続税と多くの税負担がのしかかっています。そして、相続税が改正される方向にあり、賃貸住宅を検討する大家さんが増えることが考えられますが、需要が減っていくマーケットより今後も需要の増大が期待されるマーケットでの土地活用のほうが成功の確率は高いではないかと思います。

次の章では、介護事業の業界について詳しく述べていきます。

②　土地活用を高齢者賃貸住宅経営でするメリットは

1　高齢者住宅の種類

有料老人ホーム

有料老人ホームは入居費用とサービス費用が有料の高齢者住宅で老人福祉施設ではないものです。介護サービスの提供の仕方により、自立型（健康型）・介護型・住宅方の3つのタイプに分けられています。契約形態も賃貸方式、終身建物賃貸方式、利用権方式などがあります。これらは主に民間事業者の株式会社や医療法人などが運営をしています。特に利用権の料金設定は数百万円〜数千万円と幅があります。

▼自立型有料老人ホーム

2000年の介護保険法施行以降全国ですでに2000軒以上が設立されていますが、2006年以降は年次における新規開設が抑制されています。

▼自立型有料老人ホーム

介護不要の高齢者を対象とした居住施設で食事などのサービスが付いています。介護サービスは提供されていませんので、要介護になった場合は、解約して退去しなくてはなりません。したがって、介護が必要になったときに他の施設へスムーズに転居できるかどうか事前に確認をとっておくことが必要です。

▼介護型有料老人ホーム

各都道府県から「特定施設入居者生活介護」に指定された居住施設です。24時間体制で介護スタッフが常駐し、介護サービス計画にそって食事や介護、掃除、洗濯などの生活支援、健康相談、リハビリ、レクリエーションなどの介護サービスなどを受けることができます。

介護サービスは施設のスタッフが行うものと一部外部事業者に委託しているものがあります。

▼住宅型有料老人ホーム

介護付とは違い「特定施設入居者生活介護」の指定を受けておらず、施設のスタッフが介護サービスを提供することは原則的にありません。介護は訪問介護や訪問看護、デイサービスなどの居宅サービスを利用する有料老人ホームです。要介護度が重くなると費用負担が重くなる場合があるので、介護型有料老人ホームに転居を考えなければいけないケースもあります。

グループホーム

認知症、知的障害、精神障害と診断された方が対象の居住施設です。アットホームな環境の中で介護者のサポートを受けながら混乱や不安と取り除き、入居者がお互い協力しあって共同生活が送れるように運営がされています。

穏やかな共同生活が営まれるように少人数制で5~9人を1ユニットとして最大2ユニット（18人）までの規模になっています。介護保険サービスの在宅サービスも受けることができます。建物は1戸建を改造してものから新築のもの、単独の施設からデイサービスや小規模多機能施設、診療所などを併設したものまで様々です。

グループホームは、民間で運営されていますが、地方公共団体の認可がないと開設できません。

2　介護保険が適用される公的施設（介護保険3施設）

「介護老人福祉施設」特別養護老人ホーム（特養）

原則65歳以上で要介護認定を受けた方が入居できる施設です。入居の決定においては、要介護度の高い入所の必要性、緊急性が高い人が優先されています。実際に入居している方は、寝たきりの方や認知症の方が大半をしめています。

２０１１年現在、全国では42万人の人が入居待ちといわれています。そのため場合によっては、入所期限を定められることもあります。

特に都市部では満室で待機者も多いといわれています。介護に重点を置いた施設で平成17年10月以降は利用者から居住費、食費などが徴収されるようになりました。居住費は、個室であるか（多床室）相部屋かによって費用が変わってきます。

介護保険制度の施行により介護保険上の名称は「介護老人福祉施設」です。老人福祉法上の老人福祉施設の中の1つで「特別養護老人ホーム」、通称「特養」と略称されています。

老人福祉法を制定したとき、低所得者以外でも入居できるようになっています。福祉政策の中で画期的な制度として評価されました。運営母体は、地方公共団体や社会福祉法人が主で、原則的には民間では設立、運営できません。

「介護老人保健施設」（老健）

65歳以上で要介護認定者が入居できます。入院の必要がなくなり病状は安定したが、リハビリなどの医療ケアや看護、介護が必要な方のための施設。特養との違いは、リハビリテーションに重点を置いた施設で在宅復帰を目的としているところです。

入居は3か月ごとに各施設の判定会議で入所継続か帰宅を決定します。原則的に入居期間は最大半年程度でいずれは退所しなければいけません。この施設は全国約３１００施設あります。

「介護療養型医療施設」

65歳以上で要介護認定者が入居できます。急性期医療を行う病院での治療は一段落し、病状は安定しているが、医療と介護の両方が必要な方が長期療養の目的で入居します。あくまでも療養が目的ですので、期限を定めていない施設もありますが、原則は3か月を入所の限度としています。

この施設は「介護型療養病床」ともいわれ、かつての「老人病院」にあたる医療施設です。もともと一般病院から転換したため外見上はさほど変わった印象はなく外来も行うために一般の人にはわかりづらいでしょう。

この施設は全国に３７７０施設ありますが、減少傾向にあり、平成24年3月を目処に廃止し他の介護保険施設へ転換する方針が決定していました。しかし、平成23年6月15日の国会で廃止が6年間延長されることが決定しました。廃止後の転換の内訳としては、約15万床が医療型の療養病床になり、23万床が介護老人保健施設やケアハウスなどの居住系サービスへ転換するとみられています。

コラム：特別養護老人ホームの待機者42万人は本当か

平成21年度の厚労省の調査では、特養の入居待機者は42.1万人と発表しています。入居希望者は、あまりにも待機者が多いので、他の施設にも重複して入居申込みをしているケースが多いのですが、この42.1万人は、その重複は、除いているといっています。

しかし、一般財団法人　医療経済研究・社会保健福祉協会の調査では、これは重複した数字であると結論づけています。アンケート調査によると「今すぐどうしても入らなければいけない人」は11.3%で約４万人強。「１年くらいであれば今の生活を継続することは可能という人」が28.2%という結果でした。

中には、もう連絡がとれない人や、治療が必要で入れる状態ではない人もいるとのことです。確かに42.1万人は膨大な数字ですが、できれば入りたいという希望的な申込みもあり、少し控えめに考えおいたほうがよいかもしれません。

介護施設と高齢者住宅の違いとは

介護のことで最初に悩むのがその専門用語です。ここでは介護施設と高齢者住宅について述べたいと思います。

まず、関係省庁ですが、介護施設の管轄は厚生労働省になります。前項の介護保険3施設等は要介護認定を受けた人は施設サービスを利用することができます。

高齢者住宅は広義には介護施設ではありますが、あくまで住宅ですので、こちらは、外部の介護サービス（訪問介護とか訪問看護など）を受けることになります。

サ高住の管轄省庁は、とても珍しく国土交通省と厚生労働省の共管です。建築の要件などは国土交通省で、完成後の検査や監督は厚生労働省という具合です。

建築の面積の算定方法にも違いがあり、介護施設の面積の計算は内法（壁の内側の面積）で計算しますが、サ高住の面積は壁の中心線で計算します。

ただし、併設するデイサービスなどの介護施設は、サ高住と一体になっていたとしても内法面積での算定になりますので注意が必要です。

3 その他の公的な高齢者住宅

ケアハウス

本人か配偶者のどちらかが60歳以上の自立した方を対象とし、身体機能が低下したり独立して生活するのに不安な方のための居住施設です。地方公共団体や社会福祉法人などが運営をしています。老人福祉法で定められた軽費老人ホームの一種です。食事提供や入浴、緊急対応などのサービスを備えており、居室は個室でプライバシーや身体機能特性に配慮した生活設備を備えているのが特徴です。

料金は有料老人ホームのような高額の入居一時金は不要で、一般的には生活費、食材費、管理費事務費などは全額自己負担ですが、合計で月額7万円～14万円くらいです。また、所得制限はなく、所得が少ない場合は事務費の軽減措置を受けることも可能です。

将来介護が必要になった場合にも退去する必要がなく、訪問介護サービスやデイサービスなどの介護サービスを受けることが可能ですので安心して住めます。自立はしているけれど、独立して生活することが不安な方にとっては最適な居住形態といえます。

シルバーハウジング

地方公共団体、都市再生機構、地方住宅供給公社などが供給しています。本人か配偶者が60歳以上の世帯か障害者が入居対象者となります。高齢者への世話付公的賃貸住宅といえるでしょう。

手摺やバリアフリー、緊急通報システムなど高齢者の生活特性に配慮した設備を備えています。入居者の所得により賃料が変わります。地方自治体の場合、1万円～10万円程度で入居できるので低所得の人でも入居可能です。

特徴としては約30戸に1人、生活援助員（ライフサポートアドバイザー）を配置しており、高齢者に対する日常の生活指導や安否確認、緊急時における連絡等のサービスを提供しています。基本的に介護は受けることはできませんので訪問介護等の介護サービスを利用します。

シニア住宅

都市再生機構、地方供給公社、認定を受けた民間機関が運営する高齢者向け施設です。一般的に公社では「ケア付高齢者住宅」と呼んでいます。公社や民間事業者のシニア住宅は（財）高齢者住宅財団が認定しています。原則として60歳以上の高齢者世帯が入居でき、健康期からの入居も可能です。バリアフリー、食堂、レクリエーション設備などの共用施設が充実しています。

家賃の支払方法は、終身年金保険等を活用した入居時一時払い（終身利用権方式）と一時払い・月払い併用（賃貸方式）があります。

介護サービスは、在宅介護で提携や斡旋などにより提供されます。

4 介護保険制度の介護度と退居率

介護保険制度

介護保険制度は、２０００年から始まった制度です。給付は、要支援2段階、要介護5段階の合計7段階からなっています。医者の診断と市町村の総合判断により、介護認定が行われます。そして、診断ケアマネージャーが、その人に応じたケアプランを作成します。

介護度が増すにつれて介護保険の金額が上がっていきますので、介護度が高い入居者が多いと介護事業者の売上が増します。ですから、介護度が低い人や、要支援以下の介護認定の人は、在宅での介護や自立型の介護施設へ入居をすすめ、実質的に入居をお断りしている介護事業者もいます。

介護度が高い人ばかりを集めれば利益が上がり、いいかというと、そうではなく、やはり、介護度が高いとそれなりに手厚い介護が必要になりますので、介護スタッフの数を多くしなければいけないので一概にはそうともいえません。

また、介護度が高い人は入院をする機会も増えます。長期の入院ですと介護事業者としては、家賃は入ってきますが、介護保険の収入がなくなりますので安定しません。

さらに入居者側も家賃と入院費の両方では費用負担が大きいために、一度退居するというケースも出てきます。そうなると、これもまた経営としては不安定要素となります。また、介護度の高い人は、亡くなる確率も当然高くなります。

【図表19　ターゲットは要介護１～３の高齢者】

要介護度	身体の状態（例）
要支援１・２	■基本的に日常生活の能力がある。 ■入浴や家事等に一部介助が必要。
要介護１	■立ち上がりや歩行が不安定。 ■入浴や家事等に一部介助が必要。
要介護２	■起き上がり等が自力では困難。 ■排泄、入浴等で一部または全体の介助が必要。
要介護３	■起き上がり、寝返り等が自力では困難。 ■排泄、入浴、衣服の着脱等の全体の介助が必要。
要介護４	■排泄、入浴、衣服の着脱等の日常生活のほとんどで全面的な介助が必要。
要介護５	■意思の伝達が困難。 ■生活全般について、全面的な介助が必要。

介護度と退居率

ある中堅介護事業者と話したときに、退居率を聞いたことがあります。

その高齢者住宅は、サ高住の前身の高齢者専用賃貸住宅でした。50室の部屋で要介護度の平均は2・7でした。

満室になってから1年で12件の入替えがあったそうです。

退居理由は、痴呆で問題行動が多く他の施設に移っていただいた人、入院した人、特別養護老人ホームが空いたのでそちらに移った人、亡くなられた人等です。

50室のうち12室の入替えが1年であったということは、退居率は24％ですので普通の賃貸住宅と同じくらいです。

しかし、この数字は、この施設だけのことです。施設によってはもっと退居率が低いところもあれば、もっと高いところもあるでしょう。

5 高齢者住宅の土地活用のスキーム

建貸し（地主さんからの借上げ）

これが一番多いパターンで、本書も建貸しを前提に書いています。郊外の敷地に余裕のある病院以外はこの方式を希望するのが一般的です。全体の80％くらいはこの方式によると思います。

この形式の場合、介護事業者は少ない投資ですむので多くの借入れをしなくてよく、資産を持たなくてもいいのでスピード感をもって施設や住宅の数を増やしていけます。地主さんの相続対策にも一番効果的な方法です。

定期借地権型土地貸し

土地は地主さんから借りて、介護事業者が建物を建てるパターンです。この場合、地主さんとしては借入れをしなくてもいいので気楽かもしれません。しかし、相続対策としては建貸しのほうがメリットが大きくなります。

この場合、介護事業者が建築費の借入れをする際に建築する土地を担保にすることができないので、建築費の3〜4割くらい担保不足になります。

そのため、自己資金が沢山あるか、無担保で資金調達できるくらい内部留保があるかなど、かなり業績がよい介護事業者に限られます。

【図表20　建設スキーム】

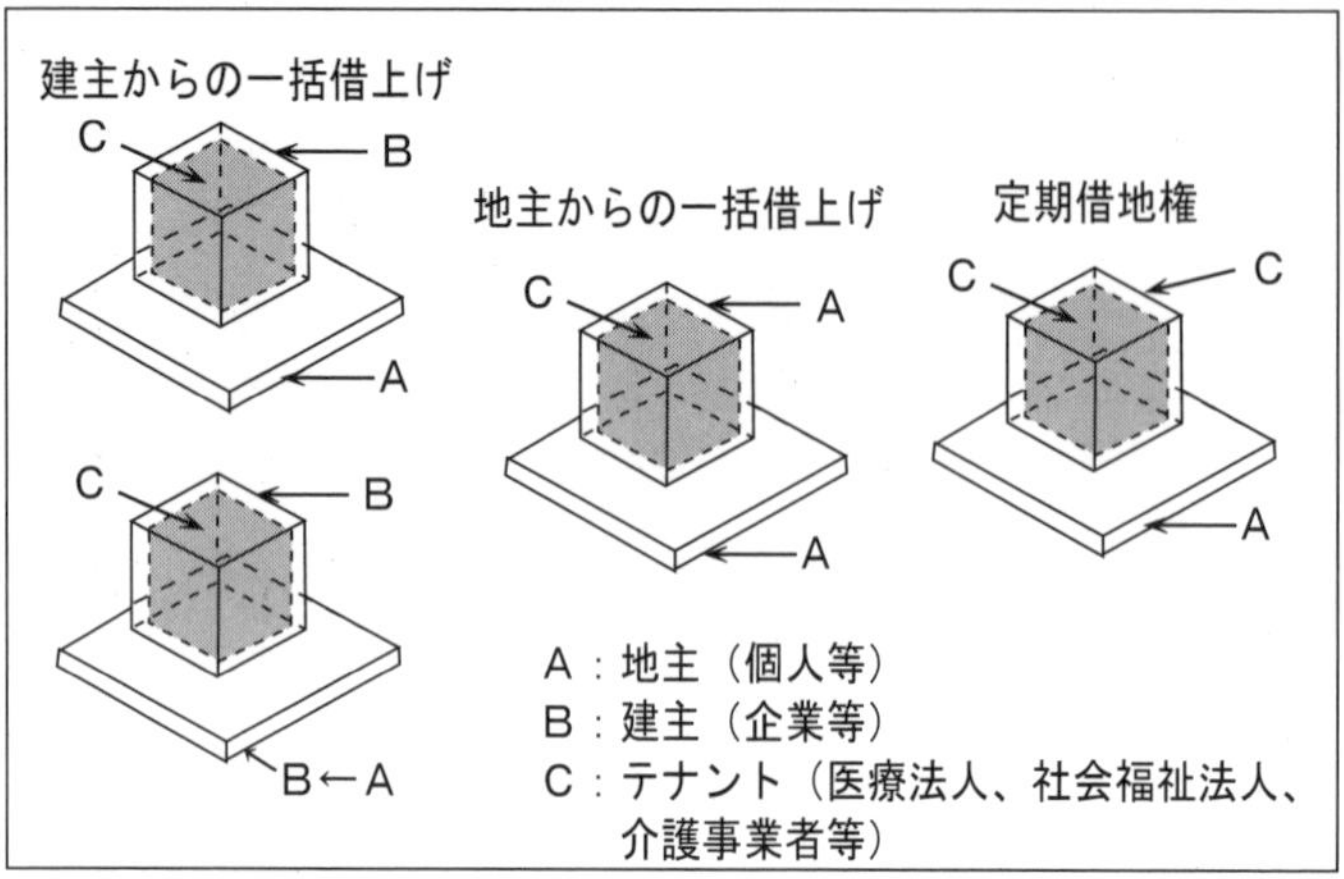

建主からの一括借上げ1

企業などが、地主さんから土地を借りて建築し、介護事業者に貸すパターンです。全体的にはこの形態はまだ少ないのが現状です。

建主からの一括借上げ2

先ほどと同じように地主さんから土地を借りて企業などが建築し、介護事業者に貸すパターンですが、完成後に地主さんから土地も買い受ける形態です。

このパターンもあまり多くはありませんが、都市部でファンドなどが手がける場合があります。

コンビニの出店などのときはリースバック方式の土地活用があります。リースバック方式とは、建物の名義は地主さんですが、建築費の何割かを建築協力金として地主がテナントからもらい建築する方式です。

しかし。高齢者住宅では、保証金や敷金の預入れはありますが、建築協力金を払ってくれるケースはほとんどないのが現状です。

6　一括借上げの種類

介護事業者による借上げ

介護事業者による一括借上げは一番一般的であり単純な借上げ方式です。地主さんの土地に地主さんが建物を建ててそれを介護事業者が一括で借上げをします。各入居者との契約は「貸主」として介護事業者が行います。

したがって、入居者との賃貸借契約には地主さんである大家さんの名前は一切出てきません。ですから、建物のクレーム等入居者から直接大家さんに連絡が入ることはないでしょう。

空室のリスクは介護会社が負っていることになります。

借上げ会社（不動産管理会社）による借上げ①

前項の借上げの間に1社管理会社が入るパターンです。大家さんから管理会社が借り上げ、それを介護事業者に転貸します。そして、また介護事業者が各入居者へ転貸する方式です。

こちらも空室リスクは介護事業者が負っています。

借上げ会社（不動産管理会社）による借上げ②

先ほどの借上げ①と同じように管理会社が大家さんから建物を一括で借り上げます。そして各入居者に転貸して賃貸契約をします。それと同時に介護事業者へもテナントとして貸します。
管理会社は入居者からの家賃と介護事業者からのテナント家賃の両方をもらうことになります。
この方式の場合は、空室リスクは管理会社にあります。

一括借上げの内容

一括借上げには通常、家賃支払いの免責期間が設定されています。免責期間というのは、最初の数か月は大家さんへの家賃の支払いがないということです。通常の賃貸住宅の一括借上げ契約でも同じですが、入居できる状態になったとしても、すぐに満室になるわけではありません。

ですから、入居者が入っていないのに家賃を大家さんに支払うと負担がかかるためにこのような契約になっています。具体的には2か月～4か月くらいの免責期間が設定してある契約が多いでしょう。また、半年間家賃は通常の半額という契約の場合もあります。

しかし、大家さんとしても、家賃が入ってこないこの期間に借入金の返済が始まると負担が大きくなります。したがって、銀行に返済の猶予をしてもらい、金利だけの支払いにしてもらうことで対応します。

【図表21　借上げのパターン】

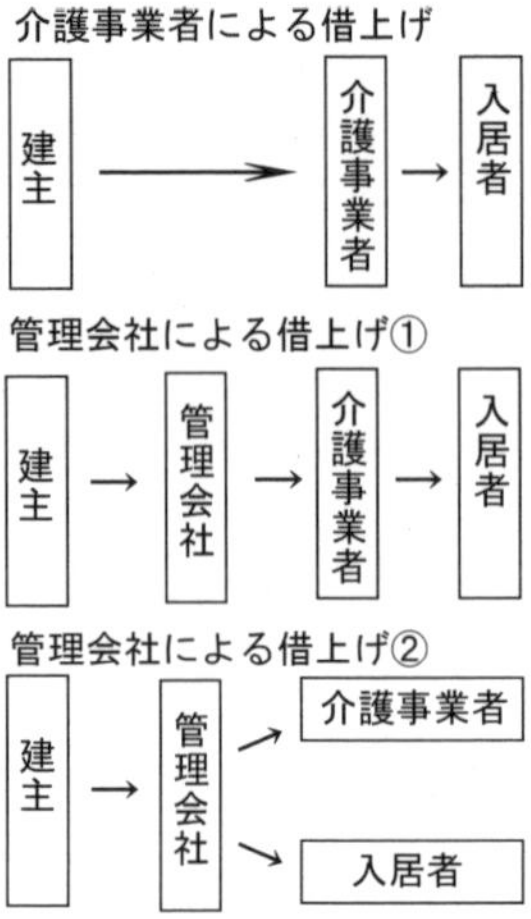

7 一括借上げ契約の注意点

大家さんにとってのリスク

一括借上げの仕組みは、大家さんにとっては手間もなく安心な制度でしょう。しかし、リスクがないわけではありません。介護事業者や管理会社が倒産するというリスクがあります。

高齢者住宅の建築期間は半年程度ですが、借上げの期間は20年以上になります。その間、介護事業者や管理会社には安定した経営をしてもらわなければなりません。ですから、特に介護事業者の選定には慎重にならなければいけません。入居者が入ってさえいれば介護事業者の売上は自然に上がりますので、安定した経営ができます。とにかく入居者を集める力があることが重要です。

一括借上げ契約の注意点

一括借上げ契約書には通常、家賃の増減に関する条項が入っています。これは将来の経済状況の変化に対応して家賃を増減できるようにするためです。これは民法第32条1項に規定されています。したがって、家賃がずっと同じとは限らないということです。

通常の賃貸住宅の一括借上げ契約でもこの内容が含まれているものがほとんどです。契約の更新時などで管理会社に家賃を下げて欲しいといわれて、その通りにしないと契約を解除しますといわれた経験のある大家さんもいるかもしれません。

【図表22　借賃増減請求権の規定例】

（借賃増減請求権）
第32条
1　建物の借賃が、土地若しくは建物に対する租税その他の負担の増減により、土地若しくは建物の価格の上昇若しくは低下その他の経済事情の変動により、又は近傍同種の建物の借賃に比較して不相当となったときは、契約の条件にかかわらず、当事者は、将来に向かって建物の借賃の額の増減を請求することができる。ただし、一定の期間建物の借賃を増額しない旨の特約がある場合には、その定めに従う。

（略）

介護事業は国の介護保険のシステムに左右されるビジネスモデルです。３年に１度改定がありますので、将来介護保険の利用者の負担額が上がる可能性もあります。高齢者の方は年金などで支出できる額が決まっているため、家賃にしわ寄せがこないとも限りません。

そこで、最良の方法は、５年〜10年の間、家賃の増減をしない特約を入れておくことです。そうすれば、当面の投資資金を回収する期間は、大家として安定的な経営ができます。その点を契約前に借上げをする会社に相談してみましょう。

しかし、25年間などあまり長期の固定は少し無理があると思います。大家さんとしても介護事業者に倒産されても困りますし、介護事業者も別に大家さんを困らせたいと思っているわけではありませんので、10年くらいがお互い無理がなく妥当だと思います。

５年〜10年くらいなら交渉の可能性は十分にあります。私が、コンサルティングをする場合は、管理会社や介護事業者にお願いしています。大手の介護事業者は自社の規定があるので受け入れられないケースもあるかもしれません。しかし、中小の介護事業者であれば、柔軟に対応してくれると思います。この辺りはお互いに歩み寄りの心を持ちながら、うまく交渉を成立させたいものです。

8 大家さんからよく聞かれる不安や質問

大家さんの不安

Q 入居の募集はどうするの？

A ⑨で述べますが、一般的には介護事業者さんはケアマネージャーや病院のソーシャルワーカー、役所等から入居者を紹介されます。不動産業者さんは使いません。

Q 管理はどうするのか。

A 管理は介護事業者さんがします。大家さんが自分ですることはほとんどないでしょう。

Q 家賃滞納とかはないのですか。

A 入居前に年金額、預貯金、家族負担率の確認をすることで長期滞納の心配は少ないでしょう。保証人がいない場合は、高齢者居住支援センターや民間保証会社での家賃保証制度を利用したり、福祉課に相談します。また、一括借上げですので、大家さんは入金管理をする必要はありません。

Q キッチンがあるけど食事は出るの？

A 自分でつくることも可能ですが、多くの介護事業者の場合は、給食事業者と提携するか、自社でつくって提供してくれます。

Q　もし介護事業者さんが潰れたらどうなるの？

A　他の介護事業者さんに運営してもらいます。そのときは再度借上げ家賃の設定等は相談になります。入居者さんが入っていれば、引受手の介護事業者も早く見つかるでしょう。

Q　高齢者住宅を建築するときは誰に相談すればいいのか。

A　基本的には、実績のある建築会社やコンサルタントに相談するのがよいでしょう。彼らは介護事業者の新規開設情報を持っていることが多いです。この事業は、よい介護事業者とパートナーシップを組むことが重要ですので、介護事業者の情報を持っている会社に相談しましょう。

Q　入居者間のトラブルや近所とのトラブルがあるのでは？

A　心配ありません。入居者間のトラブルは介護事業者が行います。近隣とのトラブルも同様です。

Q　入居者の病気が急変したらどうするのでしょうか。

A　看護士が常駐している住宅もありますが、そうでなくても、多くの介護事業者は、病院と提携しています。そのようなときは、提携のドクターに指示を仰いで救急車を呼び、専門家に任せて対応しますので心配はないでしょう。

Q 家賃はどのように決めるのでしょうか。

A 近隣の単身用の家賃相場と同じような設定になります。そして、借上げ家賃は、相場家賃の90％くらいが目安になります。

Q 最低何戸くらいから建てられるのでしょうか。

A 介護事業者さんの採算ラインは15戸といわれています。ですから、一定の利益を確保しようとすると、現実的には20戸以上の建築プランになります。

Q どれくらいの土地が必要になりますか。

A 土地の形状や何階建にするか、また、併設の施設を造るか、どうかによって変わります。木造の2階建で、併設の施設がない場合、20戸なら２００坪、30戸なら３００坪、40戸なら４００坪程度が必要な土地の面積の目安になります。

Q 補助金はどれくらいの確率でもらえるのでしょうか。

A ⑤で詳しく説明します。昨年までの傾向をみていますと、建築計画自体に問題がなければ、ほとんどもらうことができています。

Q 既に近くに高齢者住宅がありますが、建築しても入居者は入りますか。

A　すでに違う介護事業者が出店している場合でも直ぐにあきらめることはありません。そこが満室であれば、まだ、市場に需要がある可能性も十分にあります。また、既存の高齢者住宅が高級型であれば家賃等を低く設定し、普通の収入の人でも入れるようなものにするなどコンセプトを変えることで競合しない高齢者住宅を提案することも可能だと思います。

Q　大家としてはどこまでの設備をつけるのでしょうか。

A　介護事業者さんとの打合せによりますが、一般的な例としては、エレベーター、スプリンクラー、ナースコール、自動火災報知機、空調、カーテン、照明、厨房施設くらいです。事務機器、機械浴、洗濯機、家具、娯楽施設等は通常介護事業者さんに用意してもらうことが多いです。

第2章のまとめ

高齢者の住まいは様々な形態がありますし、専門の言葉も多いので戸惑うこともあるかと思います。皆始めは初心者です。私も最初はそうでした。しかし、基本的な仕組みさえ理解できれば、あとは介護事業者がすべて行ってくれます。

大家さん自身が入居者を募集したり、介護をするわけではないので、その点はあまり心配しなくても大丈夫です。

これらが一括借上げのシステムであり、大家さんの大きなメリットです。

③ 高齢者住まい法の改正と補助金に注目

1　高齢者住まい法の改正の背景

高齢者単身・夫婦世帯の急激な増加

①で述べたとおり、高齢者は今後急激に増加する見込みです。国土交通省のサ高住整備事業（交付金に関する資料）にもそれらの内容が記されています。

その資料によると、２０１０年には、高齢者単身者世帯が４６６万世帯、夫婦世帯が５３４万世帯、合計で約１０００万世帯（全体の19・９％）でした。それが、２０２０年には、１２４５万世帯（全体の24・７％）に達する見込みで、政府としても危機感を感じていることが伺えます。

要介護度の低い高齢者も特養申込者となっている現況

現在全国で42万人の待機者がいる特別養護老人ホームです。要介護度の高いほうを優先的に入居させていますが、要介護度が１～３の待機者は24万人を超えています。

時間の経過とともに要介護度の低い人も、体力の低下にともない要介護度が上がってくることが予想できます。この要介護度の低い人の受け皿が圧倒的に不足しているのが現状です。

高齢者住宅は諸外国と比較し不足

高齢者に対する施設や高齢者住宅の供給率は、諸外国と比較して施設系は既に平均的な供給がさ

【図表23　高齢者住まい法の改正に至った背景】

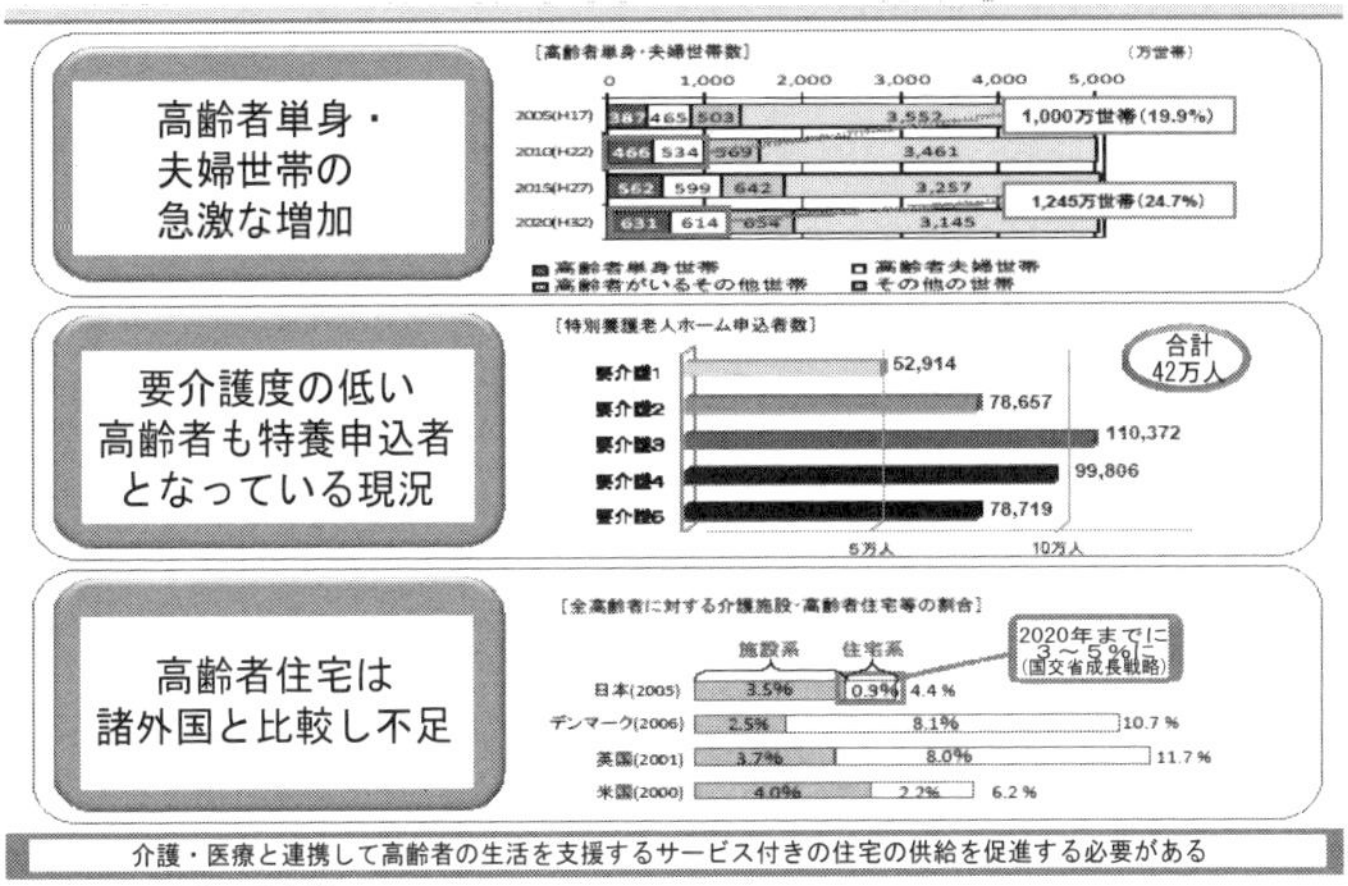

出所：国土交通省資料

れています。しかし、住宅系は0・9％と非常に低い供給率です。国土交通省としては、２０２０年までに３〜５％に、そして、施設系と住宅系をあわせて６・５％〜８・５％まで引き上げたい考えです。

厚労省は、年金、医療、介護と多くの社会保障にかかわる重要な問題を抱えています。その中でも、年金問題は最重要事項です。５年前に65歳に年金の支給時期を引き伸ばした人達が、平成24年には65歳を迎えます。５年間先送りにした問題が再度やってきます。そんな中で、高級な有料老人ホームの高額な権利金問題等のクレームが入ってきます。しかし、厚労省は、一部の高額な権利金問題の処理に時間をさいている状況ではないというのが本音ではないでしょうか。もっと多くの一般的な所得層の高齢者の住まいをどう確保するかという問題に取り組みたいでしょう。ですから、同じ問題を引き起こさないために、今回のサ高住は権利金の受領が許されていないのだと推測することができます。

2　高齢者住まい法の改正の概要

改正点の要約

平成23年4月28日に、高齢者住まい法（高齢者の居住の安定確保に関する法律）が改正されました（施行は平成23年10月20日）。これは当初は、平成13年4月に公布されたものです。

その中で特筆すべきことは、高齢者円滑入居賃貸住宅（高円賃）、高齢者専用賃貸住宅（高専賃）、高齢者向け優良賃貸住宅（高優賃）と3つあった高齢者住宅が、サ高住に1本化されたことです。管轄は国交省と厚労省の共管になります。

そして、医療・介護の有資格者が相談員としてなり、生活相談、安否確認のサービス提供を義務づけました。入居する際は、敷金、家賃、管理費などのサービス費用のみとし、権利金などの受取りを禁止し、前払家賃をもらう場合は保全措置を講じることを義務化しました。このことは、以前から高級型の有料老人ホームでの高額な利用権を支払い入居後短期間で亡くなった人への返金問題を排除した形になっています。さらに、長期入院の際には事業者側による一方的な契約解除を認めないなど、入居者保護を強化しています。

完成までには自治体に登録できるようになり、登録した場合には、有料老人ホーム届出を不要にしました。完成後にも立入検査もあり、問題があれば登録の取消しも可能になりました。

名称には「サービス付き」とありますが、法的に必須なのは生活相談と安否確認だけです。食事、

③　高齢者住まい法の改正と補助金に注目

【図表24　高齢者住まい法等の改正の概要】

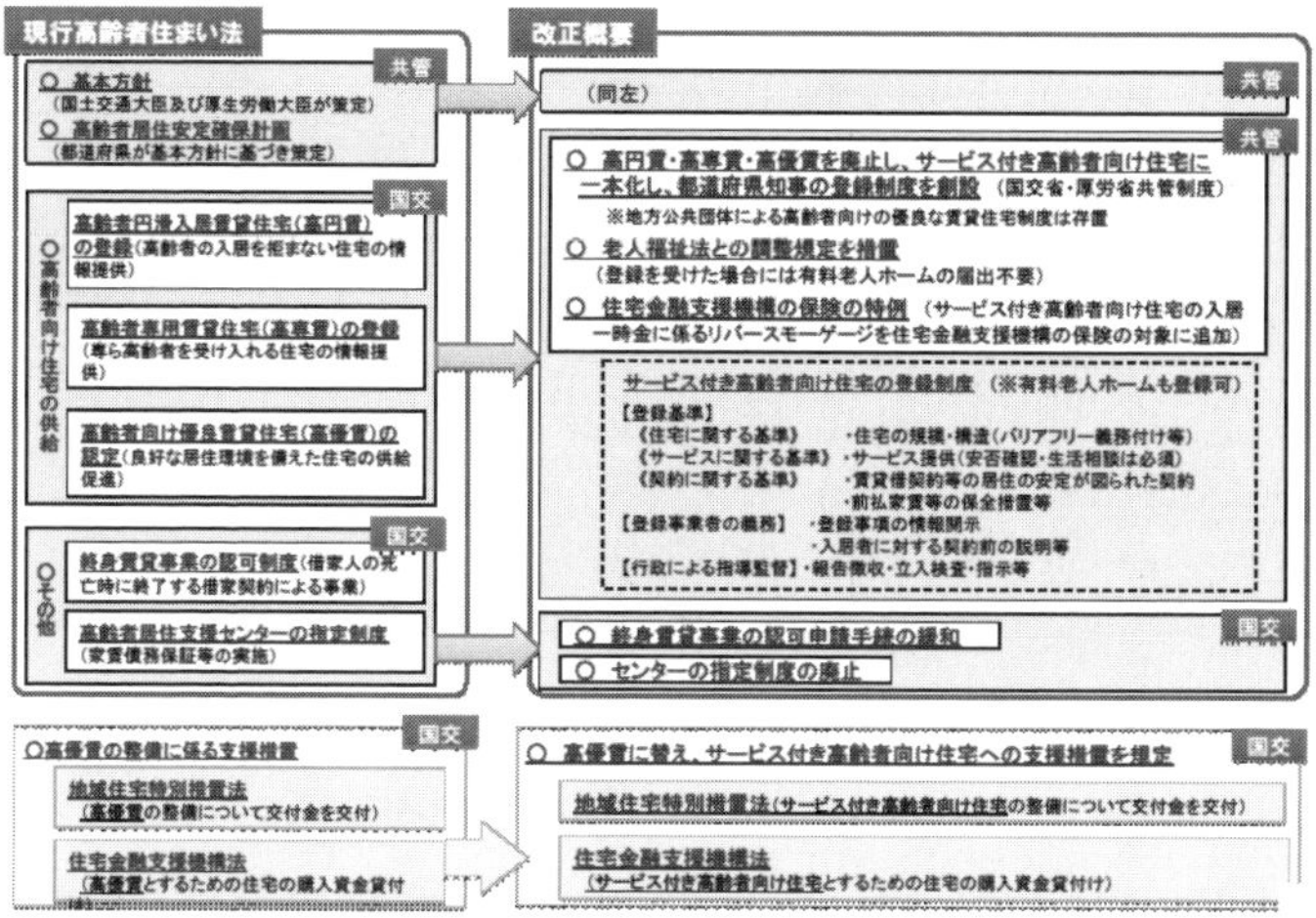

出所：国土交通省資料

家事などの生活支援や介護サービスの提供は事業者に任されていますが、ほとんどの住宅で提供されるでしょう。賃貸住宅なので、入居者は原則として外部のサービスを利用することになりますが、医療・介護サービスが充実した住宅に人気が集まることが予想されます。

その面から注目されているのが、平成24年度に導入される介護保険の24時間対応訪問介護・看護サービスです。夜間の職員確保が難しいうえに、介護報酬の額が決まっていないことから、参入がどれくらい進むかポイントになりそうです。融資も住宅金融支援機構の融資制度が緩和されます。

今までは「高専賃」という言葉をよく耳にしたと思いますが、最近では、関係者の間では、「サービス付き高齢者向け住宅」が長いので、略して「サ高住」（さこうじゅう）と呼び始めています。内容は、図表24を参照してください。

3　サ高住の補助金を利用しよう

補助金の概要

今回、高齢者住まい法の改正にあたり、サ高住の供給促進のために交付金が利用できます。平成23年度の補助金の内容は、次のとおりです。

(1) 新築の場合、建築工事費の10％（１戸あたり１００万円が上限）。

(2) リフォームの場合、改修費の３分の１（１戸あたり１００万円が上限）。

ただし、新築の場合で高齢者生活支援施設の整備については上限が1施設あたり１０００万円です。また、要件が整っているサ高住等の買取りの場合も10％の補助金が出ます。この場合も１戸あたりの上限が１００万円で、土地の取得費用は補助の対象ではありません。

リフォームの場合は、共用住宅の共用部分に係る工事費と手すりや段差の解消などの加齢対応構造等の設置・改修工事が補助対象で、原則として各戸に設置することが必要な台所、収納設備または浴室を共同利用する場合は、その共同利用設備は補助対象外です。また、高齢者生活支援施設の整備については、新築同様1施設あたり１０００万円が上限になります。改修工事の場合はエレベーター設置工事は別に補助金がでます。金額は、設置工事の３分の2以内で、上限は設置するエレベーターの数×１０００万円です。

改修を目的とした住宅等の取得の場合は、（用地費を除く）10％以内で、かつリフォームの場合と同額が上限となります。

応募は介護事業者になりますが、実際の交付申請は建築主である大家さんの名前で行います。建貸しの場合は、応募と交付申請では申請人が違うので注意が必要です。支払われる対象は、建築主です。建築主であれば、大家さん、民間の介護事業者、医療法人、ＮＰＯ等に直接支払われます。

要件としては、平成23年10月20日以降のサ高住として登録し、10年以上継続すること、家賃が近隣相場とかけ離れていないこと、家賃徴収方法が前払いによるものに限定されていないこと等です。

なお、平成23年度中に事業に着手するものを対象とし、補助事業の期間は最長３年になります。この場合の着手の定義ですが、「建築請負契約」が定義となっています。他の補助や交付金を受ける費用は補助対象となりません。平成23年度の補助金の総予算は３２５億円です。

これらの着工の定義、予算やスケジュールは毎年変わりますので、来年度はまたその発表をいち早くチェックすることが必要です。

補助金申請のスケジュール

平成23年度は、平成23年５月30日から平成24年１月31日までです。この期間に申請をしなければ補助金等はもらえません。また、補助金は年度ごとに予算がありますので申込みが予算額に達したら終了です。予算が終了しないうちに、しっかり準備し少しでも早く申請しましょう。

補助金の審査は約３か月間かかります。この間は建築工事に着工することができません。ちなみに平成22年度は４月と８月が募集期間でしたが、この２か月ですべて予算は使い切りました。

【図表25　高齢者居住安定確保計画の策定にかかる検討状況】

計画の策定予定	策定予定年度 H23年度後半（10月以降）	策定予定年度 H24年度	策定予定年度 未定
策定済み	5都道府県　群馬県、東京都、神奈川県、大阪府、熊本県 1市町村　釧路町		
ある	24都道府県 北海道、青森県、岩手県、茨城県、栃木県、埼玉県、山梨県、長野県、石川県、静岡県、愛知県、三重県、滋賀県、兵庫県、和歌山県、鳥取県、島根県、岡山県、広島県、愛媛県、佐賀県、長崎県、鹿児島県、沖縄県　（改定：大阪府） 4政令市 横浜市、川崎市、神戸市、北九州市	2都道府県 千葉県、徳島県 2政令市 仙台市、福岡市	1都道府県 福島県
策定する方向で検討中	5都道府県 福井県、香川県、福岡県、大分県、宮崎県 1政令市　相模原市	1都道府県 宮城県	1都道府県 富山県
検討中	8都道府県　秋田県、山形県、新潟県、岐阜県、京都府、奈良県、山口県、高知県 8政令市　札幌市、さいたま市、千葉市、新潟市、静岡市、浜松市、名古屋市、京都市		
策定しない方向で検討中	2政令市　岡山市、広島市		
なし	2政令市　大阪市、堺市		

※都道府県は高齢者住まい法に基づく計画／市町村は高齢者住まい法基本方針に基づく計画
本表には、計画策定済みの全地方公共団体名及び都道府県・政令市の計画策定予定を掲載。（平成23年7月国土交通省調べ）

出所：国土交通省資料

【図表26　応募から選定までの流れ】

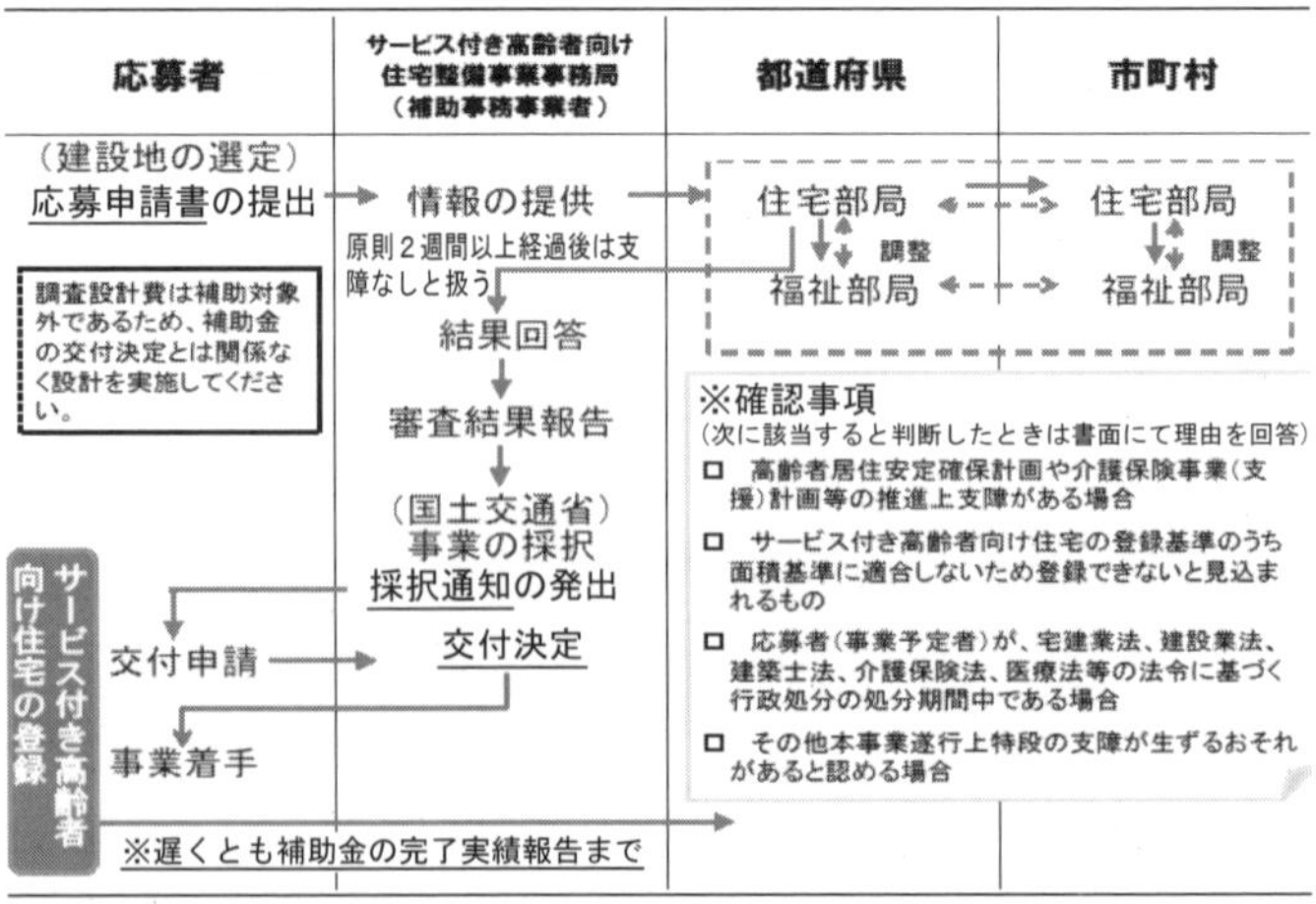

出所：国土交通省資料

4　補助金の応募から決定までの流れ

補助金の応募から決定までの流れ

補助金の申請書類を住宅整備事業事務局に提出します。こちらは国交省の事務委託先になります。事務局は書類審査をするとともに都道府県に計画内容に問題がないか照会をします。

都道府県や市町村は独自の登録要件を設けてある場合があるので、その要件に適合しているかの照会をするのです。独自の基準をもうけている都道府県の一覧は図表25を参照してください。

都道府県から事務局に結果回答がきて問題がなければ応募者へ採択通知がきます。採択通知が届いたら次は交付申請を事務局に提出します。交付決定したら事業着手することになります。

補助金応募の注意点

平成23年度の補助金の応募期間は、平成23年の5月30日から平成24年の1月31日までとされていますが、予算がなくなり次第終了です。なお今年の事業着手の定義は建築請負契約ですので、補助金の交付決定後に請負契約をするようにしてください。

なお工事着手（建築請負契約）は、平成24年の2月15日までで、実際の工事着工は3月15日までです。工事の出来高がないと今期の補助金の対象にならないので注意が必要です。

設計業務は補助金の対象ではないので、先に設計を進めておき、年度内に工事を着工し、工事の出来高をつくることが重要です。

都道府県によっては、平成23年10月20日の高齢者住まい法の改正の施行日ぎりぎりまで基準ができないところもあるようです。その場合でも、照会後２週間で都道府県より回答がない場合は、支障なしとして扱い補助金の採択を行ってくれるので、先に補助金の申請をするほうがベターです。

◇問合先　サービス付き高齢者向け住宅整備局
電話：０３－５８０５－２９７１　ＦＡＸ：０３－５８０５－２９７８
E-Mail:info@serkorei.jp

◇提出先
〒１１３－００３３　東都文京区本郷２－４０－１７　本郷岩井ビル６階６Ａ
サービス付き高齢者向け住宅整備事務局　宛て
※封筒には「平成23年度サービス付き高齢者向け住宅整備事業申請書在中」と記載のこと。

◇最新の情報のお知らせおよび申請書のダウンロード先
サービス付き高齢者向け住宅整備局ホームページ　http://www.koreisha.jp/

平成24年４月に申し込める

今から準備しても確認申請が間に合わないよという声がきこえてきそうですが、確認申請の特例を使えばまだ間に合います。仮に工事の出来高ができなかったとしても、すぐに平成24年４月に申込みができますので、間に合わせる勢いで準備しても損はありません。

5　登録が要件ーその基準と内容（有料老人ホームも登録可能）

登録基準要件①面積について

床面積は原則25㎡以上です。（ただし、居間、食堂その他の住宅部分が高齢者が共同して利用するため十分な面積を有する場合は18㎡以上）となっていますが、この部分で「十分な面積」というのが各都道府県や市町村で違う基準を設けている場合があります。

例えば、18㎡の場合、「共用のスペースが戸数×7㎡以上あること」であったり、「食堂が戸数×3㎡程度必要」などです。これは建築する地区の管轄の行政機関に確認が必要です。

登録基準要件②設備について

各居住部分に台所、水洗便所、収納設備、浴室をそなえたものであること。ただし、共同部分の台所の数やお風呂の数等が各都道府県で決められている場合があります。例えば「10戸に1つ以上の共同のお風呂が必要であったり、共同のキッチンは各階に設置しなさい」などです。補助金の採択がされても登録が要件ですので、事前に各都道府県の管轄部署に確認が必要です。

登録基準要件③バリアフリーであること

段差のない床、手すりの設置、廊下幅の確保。この場合も、自治体によって廊下幅の規定がある

【図表27　サ高住の登録基準】

入居者	①単身高齢者世帯　○「高齢者」…60歳以上の者等 ②高齢者＋同居者（配偶者／60歳以上の親族／特別な理由により同居させる必要があると知事が認める者等）
規模・設備等	○各居住部分の床面積は、原則25㎡以上。※ （ただし、居間、食堂、台所その他の住宅の部分が高齢者が共同して利用するため十分な面積を有する場合は18㎡以上。） ○各居住部分に、台所、水洗便所、収納設備、洗面設備、浴室を備えたものであること。※ （ただし、共用部分に共同して利用するため適切な台所、収納設備または浴室を備えることにより、各戸に備える場合と同等以上の居住環境が確保される場合は、各戸に台所、収納設備または浴室を備えずとも可。） ○バリアフリー構造であること。（段差のない床、手すりの設置、廊下幅の確保）※
サービス	○少なくとも状況把握（安否確認）サービス、生活相談サービスを提供 ・社会福祉法人、医療法人、指定居宅サービス事業所等の職員または医師、看護師、介護福祉士、社会福祉士、介護支援専門員、ヘルパー2級以上の資格を有する者が少なくとも日中常駐し、サービスを提供する。※ ・常駐しない時間帯は、緊急通報システムにより対応。※
契約関連	○書面による契約であること。 ○居住部分が明示された契約であること。 ○権利金その他の金銭を受領しない契約であること。（敷金、家賃・サービス費および家賃・サービス費の前払金のみ徴収可。） ○入居者が入院したことまたは入居者の心身の状況が変化したことを理由として※、入居者の同意を得ずに居住部分の変更や契約解除を行わないこと。 ○サービス付き高齢者向け住宅の工事完了前に、敷金及び家賃等の前払金を受領しないものであること。 家賃等の前払金を受領する場合 ・家賃等の前払金の算定の基礎、返還債務の金額の算定方法が明示されていること。 ・入居後3月※以内に、契約を解除、または入居者が死亡したことにより契約が終了した場合、（契約解除までの日数×日割計算した家賃等）※を除き、家賃等の前払金を返還すること。 ・返還債務を負うこととなる場合に備えて、家賃等の前払金に対し、必要な保全措置※が講じられていること。
	○基本方針及び高齢者居住安定確保計画に照らして適切なものであること。※

※都道府県知事が策定する高齢者居住安定確保計画において別途基準を設けることができる。

出所：国土交通省資料

場合もあります。細かくいうと廊下も壁の芯からの距離か、壁の内側の距離か、手すりの内側からの距離か、などの規定がある場合がありますので同様に自治体への確認が必要です。

登録基準要件④その他

入居者、サービス、登録事項、契約関連は、介護事業者に守ってもらう規定ですので図表27にまとめておきます。

内容としては、安否確認サービスと生活相談サービスを提供することや権利金等を受け取らない契約であること等があります。これらは補助金の申請時に賃貸契約書の添付が必要でその際にチェックされますので注意してください。

また、補助金をもらうことから、直ぐにやめてはいけないので、10年以上登録することが義務づけられています。

6　その他の国の支援措置

国の支援措置

今回の国の支援措置としては、３つあり、補助金と税制と融資です。補助金は、③の３、４、そして⑤の１において詳しく説明していますので、ここでは説明を省くことにします。

住宅金融支援機構の融資条件の緩和

住宅金融支援機構の建築費に対する融資条件の緩和は、大家さん向けと入居者向けの２つです。大家さん向けの緩和内容は、住宅金融支援機構で融資を受けてサ高住（旧高円賃）の18㎡タイプ（施設共用型）を建築する際、建築地以外にも別の土地に担保をつけることが必要でしたが、今回の改正で別担保が不要になりました。これにより、非常に利用しやすくなり、建築の促進につながるとみられます。

要件の１つに、自治体へのサ高住の登録の義務があります。補助金を利用する場合の要件は10年間でしたが、この融資の場合は、返済期間中の登録なので要注意です。18㎡タイプ（施設共用型）は、25平㎡タイプより金利が１％程度（平成23年度10月現在）上乗せした借入金利になります。なお、25㎡タイプ（一般住宅方）は保証人が必要なのに対し、18㎡タイプ（施設共用型）は不要です。

入居者向けには、サ高住の家賃の前払金について民間のリバースモーゲージ（死亡時一括償還型

【図表28　サ高住の供給促進のための支援措置】

予算

《高齢者等居住安定化推進事業：予算額325億円（うち特別枠300億円）》　☞ 今回募集

新たに創設される「サービス付き高齢者向け住宅」の供給促進のため、建設・改修費に対して、国が民間事業者・医療法人・社会福祉法人・NPO等に直接補助を行う。

＜対　象＞　登録されたサービス付き高齢者向け住宅等
＜補助額＞　建築費の1/10　改修費の1/3　（国費上限　100万円/戸）

税制

所得税・法人税に係る割増償却、固定資産税の減額、不動産取得税の軽減措置によるサービス付き高齢者向け住宅の供給促進

所得税・法人税	5年間 割増償却40%（耐用年数35年未満28%）
固定資産税	5年間 税額を2/3軽減
不動産取得税	（家屋）課税標準から1,200万円控除/戸
	（土地）家屋の床面積の2倍にあたる土地面積相当分の価格等を減額

融資

○サービス付き高齢者向け住宅に対する住宅金融支援機構の賃貸住宅融資の実施と要件の緩和
（＝別担保の設定不要）
○サービス付き高齢者向け住宅の家賃の前払金について、民間金融機関のリバースモーゲージ（死亡時一括償還型融資）を、住宅金融支援機構の住宅融資保険の対象に追加
（住宅融資保険法の特例）

出所：国土交通省資料

融資）を、住宅金融支援機構の住宅融資保険の対象に追加しました。リバースモーゲージを利用し入居者に金銭的な支援を行い、入居を促進するのが狙いです。

　リバースモーゲージとは、自宅などを担保にお金を借り、生存中は返済義務がなく、死亡時に担保物件を銀行が処分して借入金を精算する制度です。日本では、制度自体は以前からあるものの、金融機関のリスクが限定的でないことから、実際に利用されるケースは限られていました。

税制優遇

　税制優遇は次の3つです（図表28参照）。

(1)　所得税・法人税に関係する優遇→40％の割増償却。
(2)　固定資産税で5年間税額を3分の2軽減→3分の1の負担で済みます。
(3)　不動産取得税の減税→ほとんどのケースで取得税は不要。

7　今政府が考えていること

福祉の充実

現状でも高齢者の施設や住宅が不足しています。これは前述の特養の42万人の待機者からも明らかなことです。それに加え今後、団塊の世代が高齢者、後期高齢者になることにより更にそれらが不足することになります。そのため、政府としては高齢者の住宅福祉の問題は待ったなしの状況といえます。

今までは特養や有料老人ホームを中心に施設や住宅が供給されてきましたが、それぞれに問題がありました。有料老人ホームでは、利用権方式による入居があり数百万から数千万の高額な権利金や前払家賃を支払うものがありますが、入居して直ぐに亡くなってしまった場合でも、その返金がなく介護事業者とトラブルになり厚労省などに苦情や相談が寄せられていると聞いています。

厚労省としては、どちらかというと高額な権利金を支払える人のトラブルまで対応している状況ではなく、大多数の平均的な所得の人たちや低所得者の人の住まいをどうするかという課題のほうに力を入れたいという意向が見え隠れします。

そういう中で、今回の高齢者住まい法の改正でサ高住の促進に力強く舵を切った形になりました。また、登録をしないと、サ高住の名称も使えないようにすることも考えると他の住宅と差別化しようとしていることが考えられます。ですから、今後の高齢者住宅のトレンドはサ高住になるのは間違いないと思います。

財政支出の抑制

政府には、財政の圧迫をしている医療費、今後更に増える高齢者への福祉関係の支出を抑えたいという考えが当然にあるでしょう。そのためには公共の特養などの施設は、1箇所あたり10億円規模の建築費が交付金として税金が投入されますから財政を圧迫します。

建築費のみならず建築した後も、施設では介護保険の利用が多くなるので介護保険の支出が多くなります。もちろんこれらの施設が足りない地域での供給は早急にすすめなければいけません。しかし、基本的方向性はとしては、介護保険3施設は供給が制限されています。

また、病院も入院していると医療費がかさみ国庫の負担が増加するのでなるべく早く退院してもらいたいというのが政府の本音です。ですから、入院や施設への入所が基本ではなく、在宅が基本で、必要な介護サービスだけを使ってもらいたいと思っているでしょう。

サ高住は、賃貸住宅であり施設ではありません。ですからカテゴリーとしては、在宅にあたります。特養を1つつくると10億円かかるのが、10％の補助金であとは民間の力でサ高住をつくれば、同じ税金で約10倍の住宅が供給できると考えていると思います。

サ高住は、介護の充実と財政支出の削減の両方の目的をかなえる住宅といえるでしょう。

③　高齢者住まい法の改正と補助金に注目

コラム　日本の財政を立て直すために個人でできる２つのこと

先日、ある小児科医の先生の講演を聞きました。その先生は、社会文化功労賞を受賞しており、薬を使わずに病気を治す名医一の名医をいわれています。

先生の話によると、戦後のＧＨＱの占領政策で欧米の食生活が日本に普及し、それ以降癌をはじめさまざまな病気が急激に増加したそうです。特に牛乳やパンなどはその最たるものとのことでした。高齢者問題や医療費の問題は財政問題とも密接に関係しています。

データで見てみますと、1954年（昭和29年）の医療費は2152億円、人口は8800万人。2008年（平成20年）の医療費は34兆8084億円、人口は１億2700万人です。

この54年間でで、人口は1・44倍に対し医療費は16・1倍です。インフレで物価の上昇や貨幣価値の変動もあるので単純に比較はできませんが、これでは財政が大変なのはうなずけます。①の７でも述べましたが、平成23年度の税収見込みが約40兆円で、社会保障費は28兆円で全体の約70%になります。家計でいうと少し乱暴ですが、30万円給料をもらっても21万円は医療費等に消え、９万円では生活できないので借金しているのと同じことになります。

今日本の死因の１番は悪性新生物（ガン）です。平成20年の全死亡者に占める割合は30%となっています。

また、人口あたりの自殺者も世界ワーストワンで平成11年からずっと３万人を超えています。交通事故死は平成20年で約5000人ですから６倍の人が自ら命を絶っていることになります

こうしてみると健康と経済の問題を解決すると、国は楽になり個人も幸せになりそうです。健康であれば、医療費も少なくなり他のことに予算を使うことができますし、自殺者も減ります。収入を増やせば、税収もあがり、個人も豊かになります。これらはすべて自分で考えたり勉強するしかありません。何を食べると病気になるか、どうすればお金が稼げるかまたは増えるか。

健康は、そのお医者さん曰く簡単だそうです。薬を飲まず、食事を戦後の食事に戻すことだそうです。要は、横文字の食べ物を控えることだそうです。これは私自身も多いに反省するところがあります。

投資や事業は勉強するしかありません。あなたのようにこのように本を読んで勉強している人は大丈夫でしょう。

今日本の財政は危険な状況です。このつけはあなたの子供や孫にまわっていきます。健康（食）の管理と収入を増やすこと（お金の管理）の２つ努力が個人でできる簡単な国の建て直しと幸せへの道といえるかもしれません。

第３章のまとめ

平成23年４月の高齢者住まい法の改正で、高齢者専用賃貸住宅（高専賃）と高齢者円滑入居賃貸住宅（高円賃）、高齢者優良賃貸住宅（高優賃）が廃止され、サ高住に統合されました。

建物の基本的なスペックに大きな違いはありませんが、都道府県、政令市、中核市によって少しずつ登録基準となる共用の面積の基準やお風呂の数、キッチンの数等が違いますので、ここは確認が必要です。

そして、今回のサ高住整備事業は、

① 補助金、
② 融資の支援、
③ 税制優遇

の３つの支援策があり、特に補助金は是非利用したい制度です。

例年と違い、平成23年度は、平成24年１月末まで随時、補助金の申請を受け付けてくれますので、最後まで諦めずに申請をしていただきたいです。

④ 平成23年法改正で誕生した「サービス付き高齢者向け住宅」利用のポイント

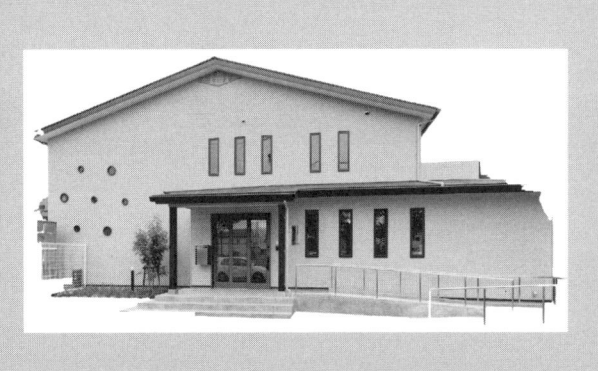

1　サ高住の種類とは

構造による違い

サ高住は、木造や鉄骨造、鉄筋コンクリート造などで建築されています。２階建のものは主に木造か軽量鉄骨で建築されることが多いです。

２階建で20戸を建築しようとすると、少なくても２００坪の土地が必要になります。30戸ですと３００坪、40戸ですと４００坪は必要になります。そういう意味では2階建まだ、空き地や農地が残っている地域での建設になりますので、郊外型と呼ぶことができます。

３階建以上では、主に重量鉄骨や鉄筋コンクリート造で建築されます。土地が高額で少ない地域での建築ですので都市型と呼べます。

サ高住との併設型

サ高住は、住宅だけの単体の場合もありますし、他の施設が併設されている場合があります。どんな施設が併設されているかといいますと、デイサービスやクリニック、グループホーム、一般賃貸住宅、託児所、小規模老人保健施設、小規模多機能居宅支援拠点など様々な施設と併設されています。

【図表29　２階建の高齢者向け建物】

【図表30　併設型多層階建の高齢者向け建物】

2　居室内の基本的なスペックと間取りイメージ（建物の条件）

基本的な室内の間取りと設備／25㎡タイプの設備

部屋の中にはキッチン、お風呂、トイレ、洗面、収納の5点セットが整っています。このタイプは夫婦でも住める広さになっています。

基本的な室内の間取りと設備／18㎡タイプの設備

25㎡タイプが夫婦でも住める広さに対し、18㎡タイプは単身用といえます。室内の設備は洗面、トイレです。なかには、ミニキッチンを設置してある物件や、収納を共用のスペースを設置している物件があります。

【図表31　25㎡タイプ】

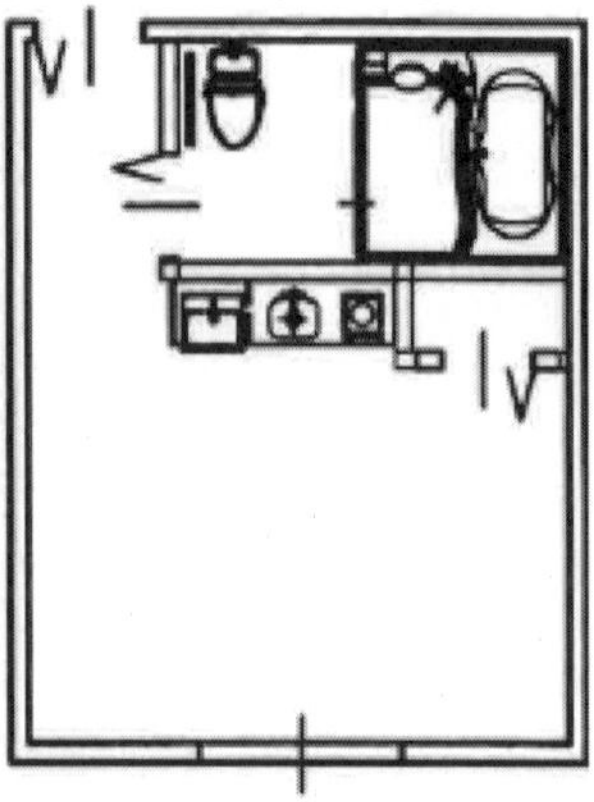

【図表32　18㎡タイプ】

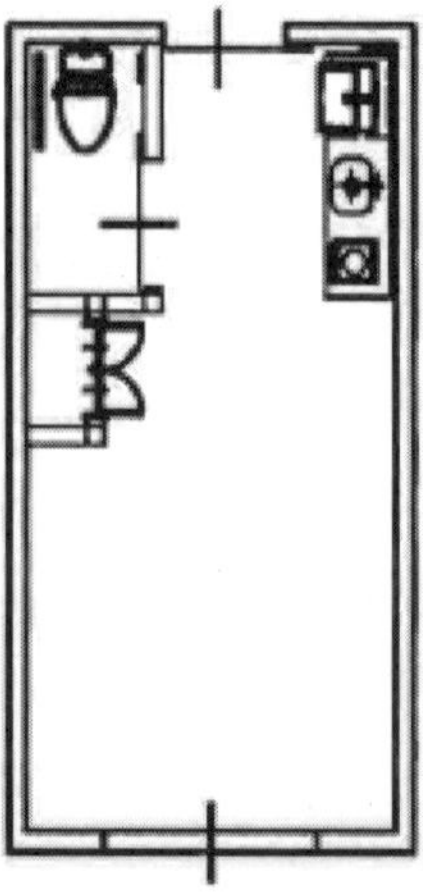

利用者のことを考えると収納は部屋の中にあったほうがいいと思います。

トイレは見

栄えと臭気のことを配慮し、壁（図表32）で囲って欲しいという介護事業者と、車椅子での利便性を重視してカーテン（図表33）にして欲しいという介護事業者があります。

図表33　室内のイメージ①】

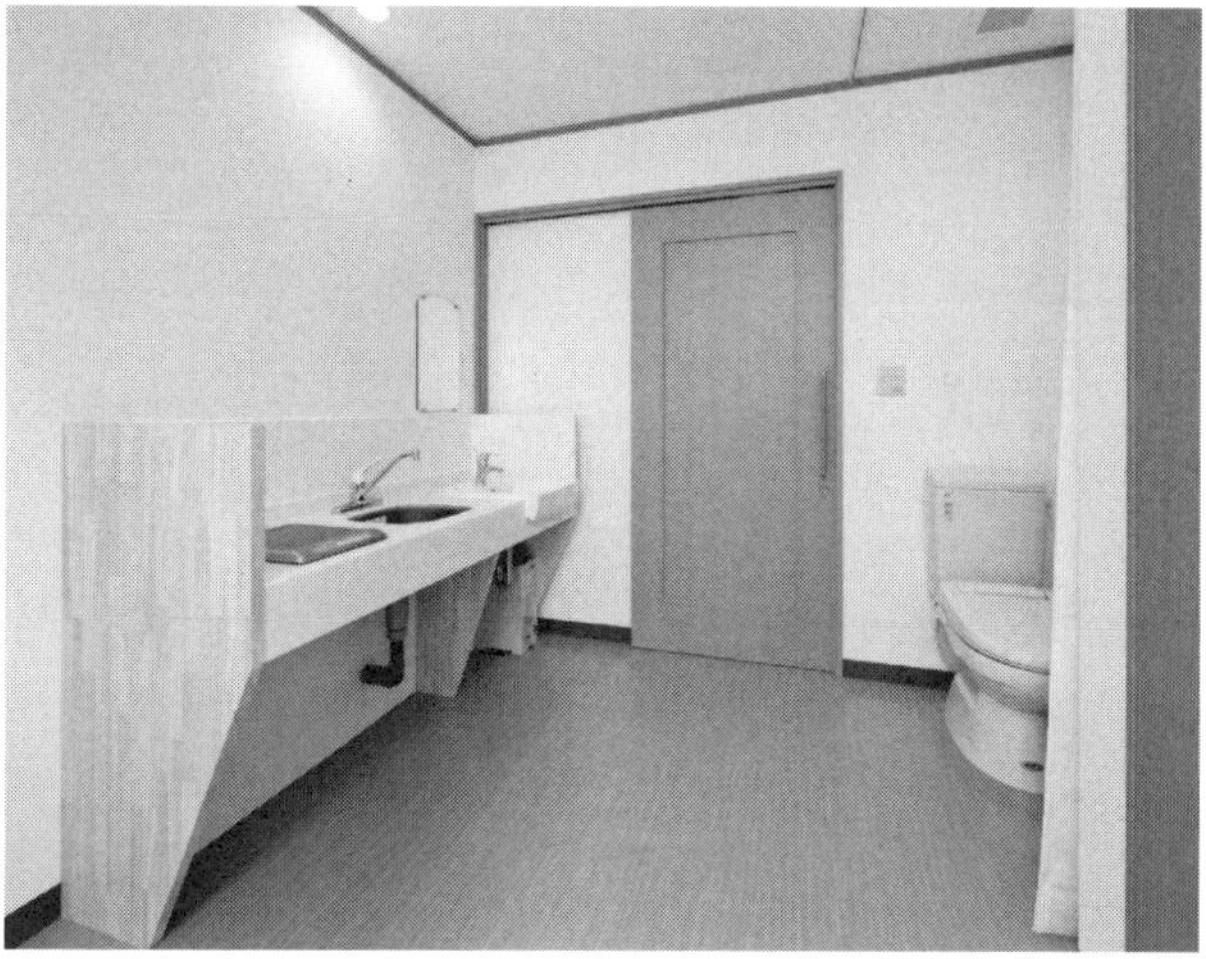

【図表34　室内のイメージ②】

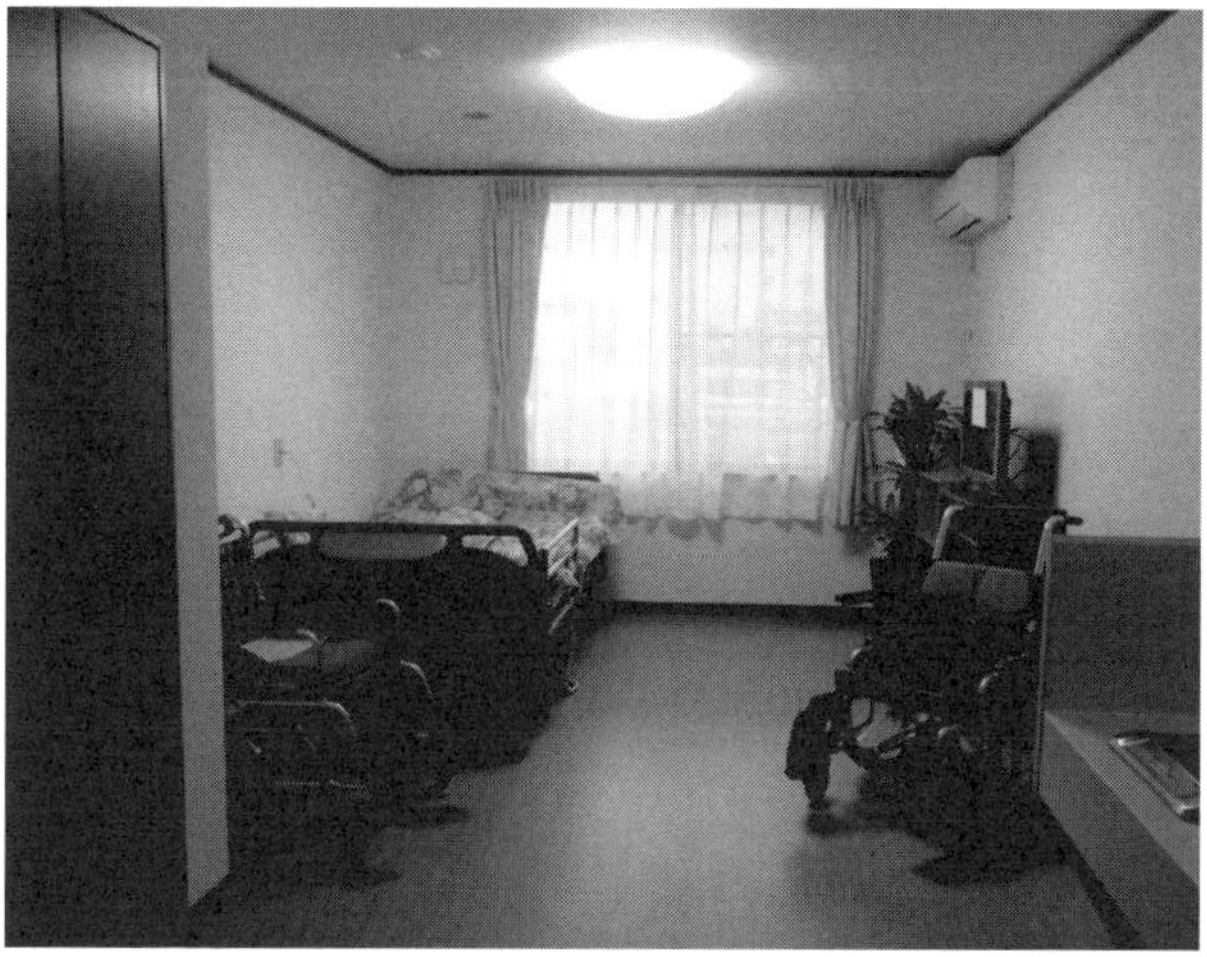

3　全体の設備や建物イメージ

高齢者住宅に必要な設備

共同の設備としては、エレベーター、ナースコール、スプリンクラー、自動火災報知機などがついています。エレベーターは、例え2階建でもついているところがほとんどです。

病院系の介護事業者ですと、エレベーターはストレッチャー（寝台車）の入る少し大きめのエレベーターをつけて欲しいという要望が多いです。

その他は共同のトイレ、大浴場、個別のお風呂、厨房施設、共同のキッチン、洗濯室やリネン室などがついています。

介護事業者のスペースとしては、事務所スペースや相談室、宿直室などがあります。これらのスペースは運営する介護事業者の人員や介護体制、併設する施設によって異なります。

その他で細かい設備としては、多めの下駄箱が必要です。入居者さん用と介護事業者さんのスタッフ用、そして入居者さんの家族などの来客用が必要なのでかなりの数になります。郵便ポストは、大きなものを1つ付ける場合と、各入居者さん用に1つずつ設置する場合があります。

駐車場は、郊外と都市型で多少の違いがありますが、通常の賃貸住宅のように入居者全員分の駐車場を備える必要はありません。基本的に要介護認定を受けている人が入居するので、入居者は自分で車を運転することはありませんから、分譲スタッフ用と来客用があれば十分です。

【図表35　全体図面①】

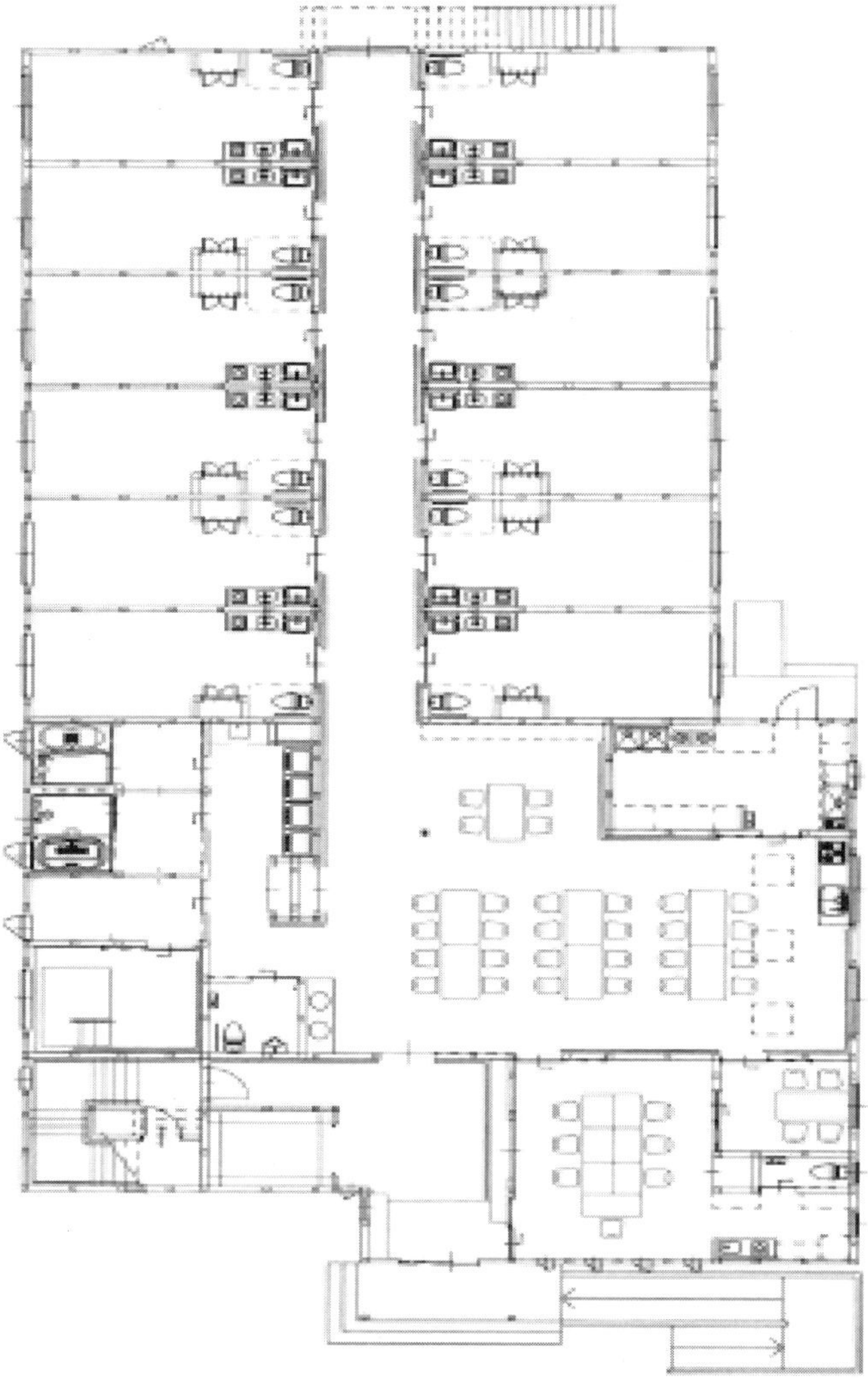

【図表36　全体図面②】

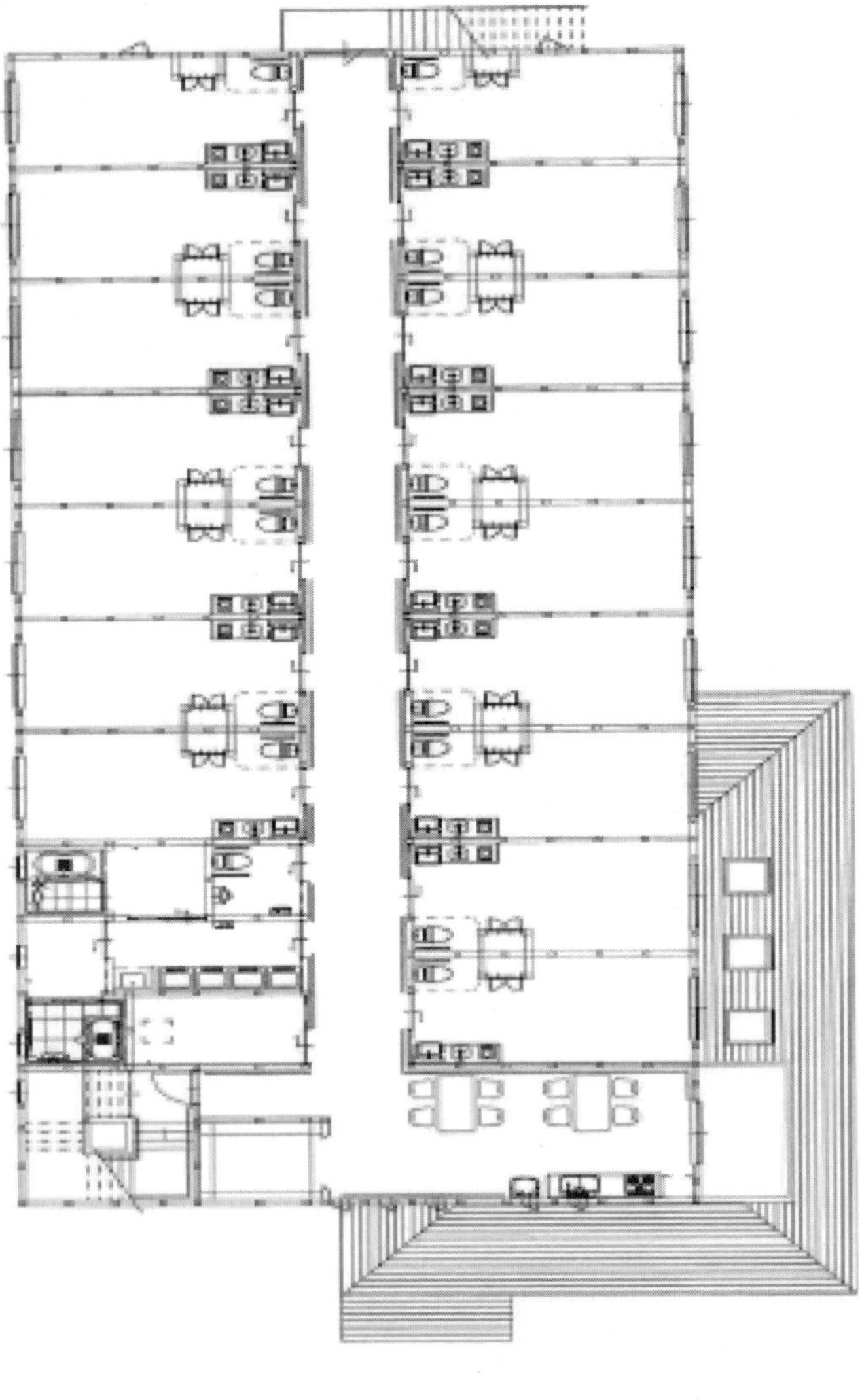

【図表37　建物内・玄関】

【図表38　建物内・食堂】

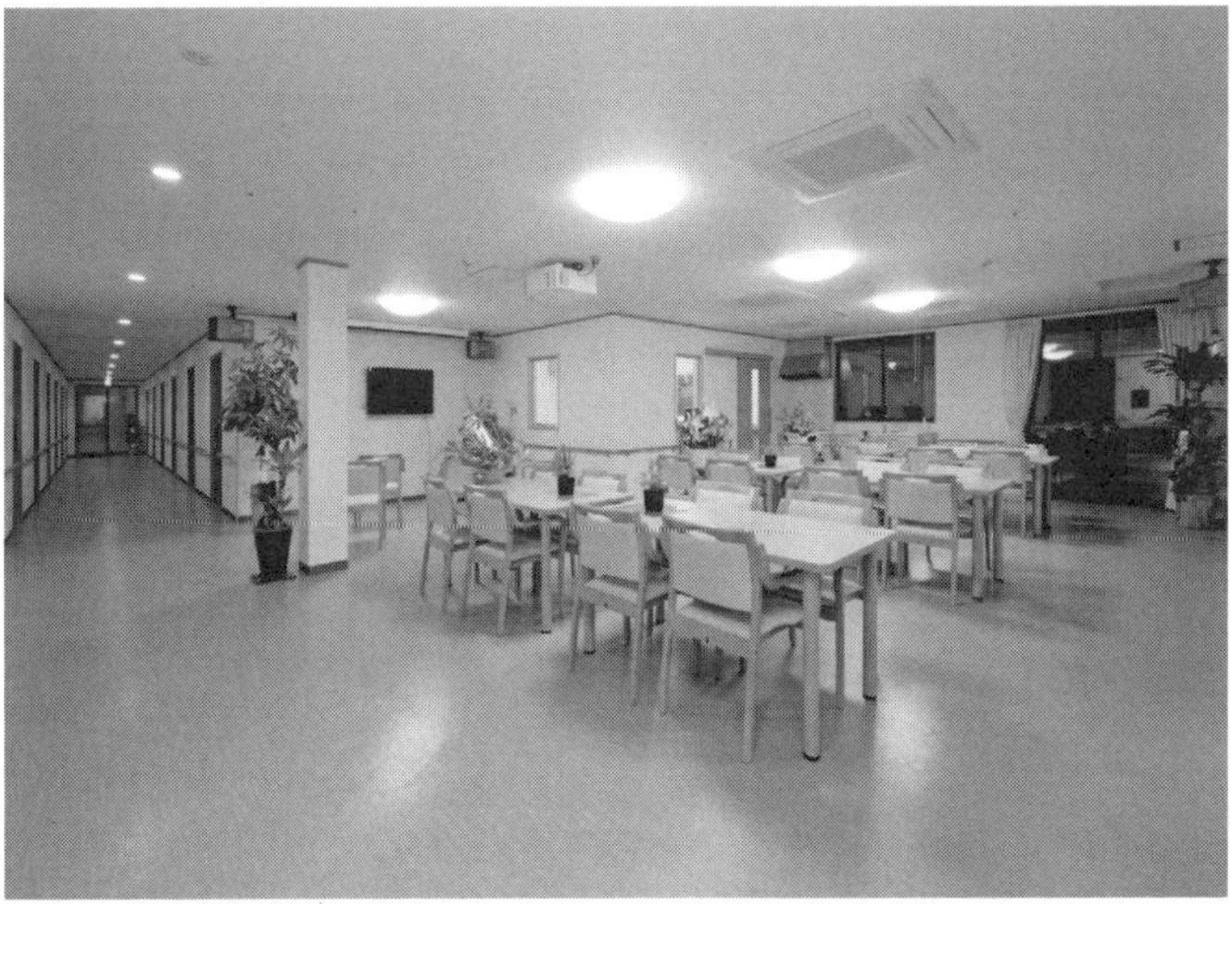

【図表39　建物内・厨房】

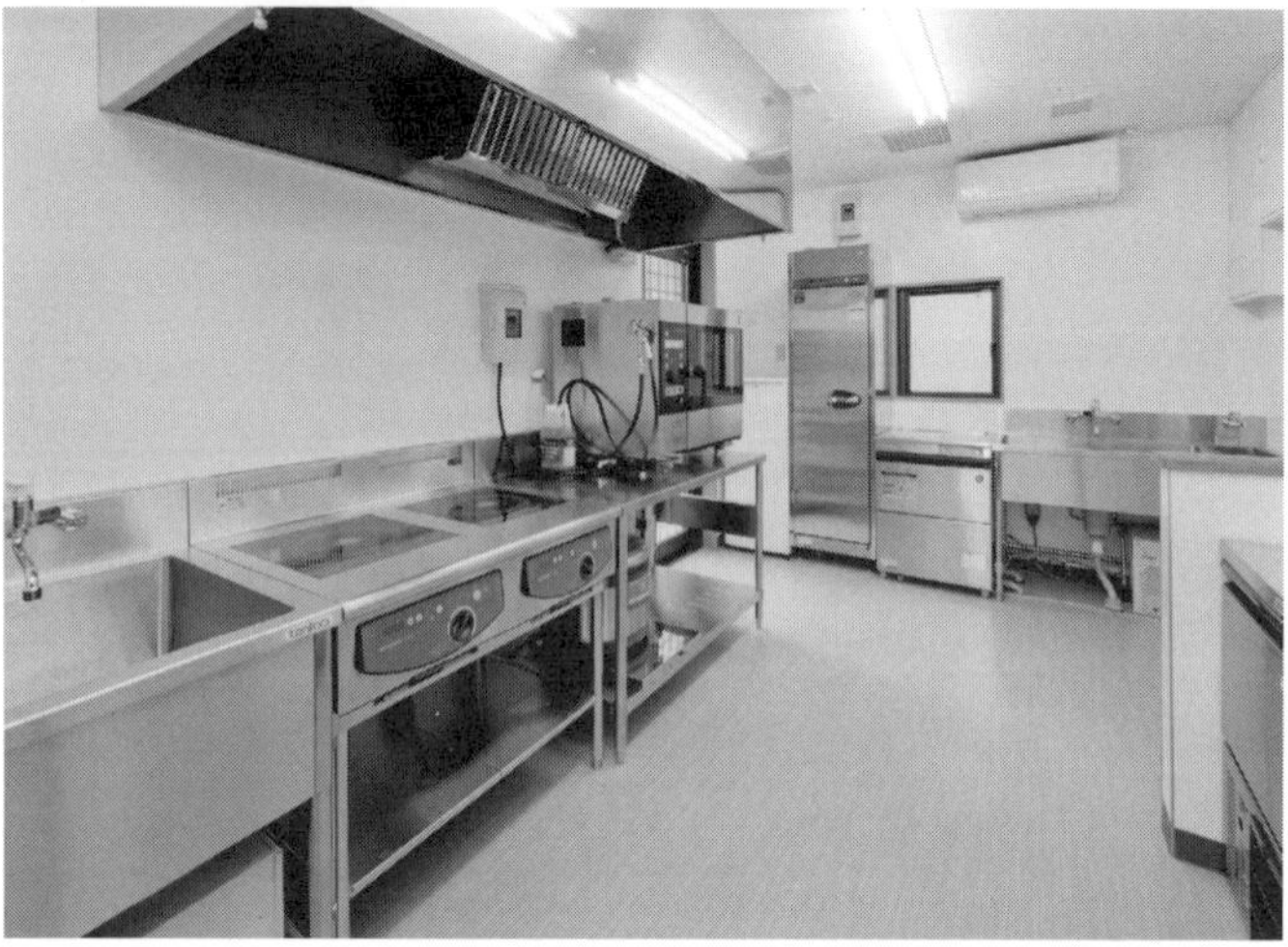

【図表40　建物内・大浴場】

4　複合型施設の種類

複合施設の種類

複合施設の種類は、図表41のとおり、多岐に渡ります。一般的で多く見受けられるのは、デイサービスです。デイサービスを併設することで介護保険を使って、入居者さんに昼間デイサービスに行ってもらうことができます。同じ施設内にあれば移動もほとんどなく便利です。

介護事業者さんにとっても、サ高住だけでなく、その周辺の入居者に営業することにより、デイサービスに通っている人の中から将来介護度が重くなり自宅での介護が難しくなったとき、入居を希望される人が出てきます。将来的な潜在入居希望者を確保することができるのでメリットがあります。

【図表41　介護施設の種類】

複合施設の例	デイサービス
	小規模多機能型居宅介護
	ショートステイ
	診療所
	グループホーム
	保育所

今後の差別化として注目！　保育所との併設モデル

今後の差別化として託児所や保育所の併設モデルが注目されています。

注目すべき点は、介護事業の人材不足。世代間交流の希薄化の解消。保育園に入れない待機児童の問題。これらを総合的に解決する力があるからです。介護事業において人材不足は深刻で２０２５年には介護

【図表42　併設モデルのイメージ図】

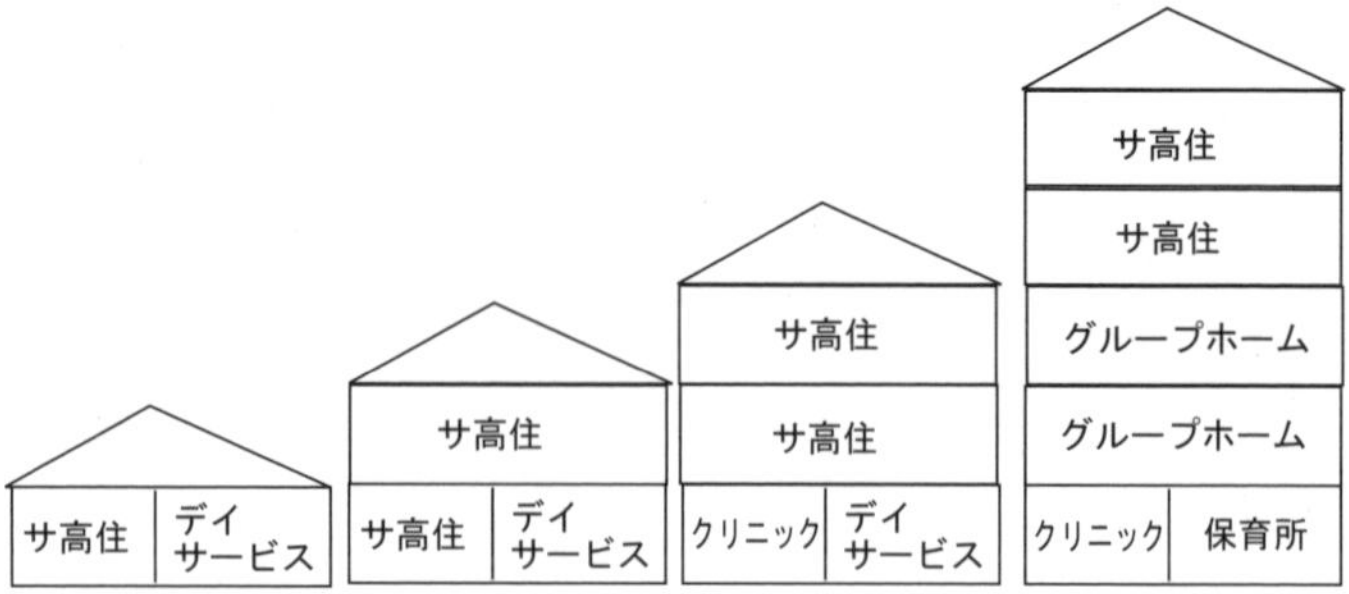

士が２００万人必要といわれていますが、２０１０年現在では、１４０万人で60万人が不足する見込みです。これらを保育所を併設することにより育児中の介護人材を確保したり、出産を理由とした退職を防止する効果があります。なお、建築費の２／３（上限２３００万円）の助成金や5年間運営費の２／３助成金があり、初期費用がとても少なくて済みます。

高齢者は子供といると元気になり痴呆や高齢化のスピードが遅くなるといわれています。

その他の併設

今後は診療所、レストランなどのコミュニティースペース、薬局なども考えられます。医療法人系は在宅サービスだけではなく、グループホームや、小規模な特養や老健なども併設しています。

サ高住は連携が必要

高齢者住宅は、オーナーとなる大家さんは建物を建てるだけで実際には、あまりすることはありません。しかし、実は見えないところで複雑な連携が取られています。

建築会社や不動産会社、コンサルタント会社は、全体の総合マネジメントを行います。地主である大家さんと介護事業者の引き合せ、融資付などです。その他には、税理士さんと連携して節税対策等の全体プランをつくります。

そして、高齢者住宅は、ただ建物を造るだけでは自宅と変わらず意味がありませんので、高齢者向けの付加価値サービスを提供します。これは複合施設になっていなくても必要になります。もちろんサ高住では、生活支援サービスと安否確認サービスは必須ですが、実際はその他にも様々なサービスが提供されます。

実際に例をあげると、食事の提供、訪問介護、訪問看護、訪問診療、訪問歯科、リハビリ、訪問マッサージ、訪問理髪等を自社サービスや各提携業者、提携医療機関と連携して提供できる体制を整えます。また、ベッドや車椅子等のレンタル事業や仲介も行います。介護事業者によっては、介護タクシーや訪問入浴事業を兼業している場合もあります。

その他には、建物管理として、消防施設、エレベーター、退去時のリフォーム等を管理会社や各メンテナンス会社が行います。

ですから、大家さんとしては、建築、介護、税金、ファイナンス等の幅広い知識とネットワークを持った営業マンやコンサルタントと組むことが成功の1つの要因といえるでしょう。

コラム　満室経営のための管理会社との付き合い方

　リーマンショック以降まだ入居率が厳しい地域でも満室になっている物件もあれば、入居率の高いエリアでも空室になっている物件もあるでしょう。

　そんな中で、より自分の物件の稼働率をあげるための管理会社や仲介会社との付き合い方をどのようにすればよいのでしょうか。

　弊社のクライアントさんに本当にまめな大家さんがいます。入居を決めてくれた仲介会社さんに毎回手土産を持って挨拶に行く大家さん。また、担当者にお礼の手紙を書く大家さんもいます。もちろんお中元やお歳暮をもっていく大家さんもいます。

　管理会社の人もやはり人間です。「あの大家さんはいつもとても喜んでもらえるな…それなら」と入居者が部屋探しに来たときに営業マンに自分の物件と大家さんの顔が浮かぶかどうかが、入居者を自分の物件につれてきて内見してもらえるかどうかの分かれ道です。

　空室対策を考えてもらったり提案をされて実行した場合、最終的な決定と責任は大家さんがとらなければなりません。さらに、「これだけでは不十分なので、次の対策を一緒に考えてもらえまんか？」と、一緒に考えて努力し、決まったときの喜びも一緒に分かち合え、感謝できるところまでいくと、担当者もよりやる気が出てくるものです。

第4章のまとめ

　サ高住のイメージは、（特に18㎡タイプ）昔の社員寮や今関東で流行っているルームシェア住宅のような感じと思っていただければよいと思います。サ高住も確かに共用スペースをシェアしているので、高齢者向けのルームシェアといえるかもしれません。

　そして、通常の賃貸住宅にはついていないスプリンクラーやナースコール、エレベーターなどの設備がついていますので、建築コストは思ったより掛かります。

　タイプも平屋から、2階建、3階建以上、単独のものから併設型まで様々存在します。

　建築の企画においては、立地や介護事業者の意向によってプランを決定していくことになります。

　次章では、サ高住の大家さんのメリットについて解説していきます。

⑤

サービス付き高齢者向け住宅の大家さんのメリット

1　補助金で借入金を１５００万円～２０００万円減らせる（補助金制度ともらい方）

金利を含めるともっと大きな価値がある補助金

サ高住で補助金が国から出ることは、③で述べました。これは土地活用としてはすごくメリットがあることです。

仮に本体工事が1億５０００万円の建築費ですと１５００万円の補助金になるので、この金額自体ももちろん高額です。しかし、借入れを１５００万円減らせることは、１５００万円以上の価値があります。実際にどうなるか、図表43の借入条件で次にシミュレーションしてみましょう。

【図表43　借入条件】

- 借入額：1,500万円
- 金利：２％
- 返済期間：25年
- 返済方法：元利均等返済

この条件で借入れすると、毎月の返済額は、６万３５７８円。年額では76万２９３６円。25年ではなんと、１９０７万３４４５円にもなります。１５００万円借入れを少なくすると25年間で約１９００万円も手取りを多くできるのです。

現在、土地活用で建築費の10％も補助金が出るものは他にはありません。２０１１年7月までは賃貸住宅でも1戸あたり30万円のエコポイントがありましたがこちらはもう終了しています。さらにエコポイントの場合は、基準にそった断熱工事等をしなければいけなかったので、30万円がすべて手元に残るわけではありません。

その点をこの補助金は、特別なグレードアップをしなくてもいいのです。ですか

【図表44　サ高住の補助金額と申請時期】

	平成21年度	平成22年度	平成23年度
予算	80億円	160億円	325億円
申請時期	４月、８月 （年２回）	４月、８月 （年２回）	H23年５月30日～H24年１月31日 （随時受付）

※予算は、年々倍増している。
※平成23年度は、随時受付のためチャンス大！
※平成24年度は、事務局の業務効率化のため、年２回に戻る可能性あり。予算は、350億円～400億円との声も!?

ら、国の予算が残っている間に申請をして登録要件を整えればいいだけですから是非利用したいものです。

補助金の申請が採択される確率

平成22年の８月の実績でいいますと、補助金の申請件数は２６４件で、そのうち２４５件が採択されました。率にすると92・８％。非選定の理由としては、①適合基準に不適切、②開発許可が不適切、③提案の取下げが理由です。基準さえ満たせばほぼ採択される結果となっています。

補助金の今までの額と申込期間

補助金は、平成21年度からあり、21年度80億円、22年度１６０億円、23年度３２５億円と倍々に増えてきています。

今後国土交通省の方針では、２０１６年まで行うのではないかといわれています。

そして、24年度も４００億円の概算要求をしているとのことですが、毎年の国会で決定しますので、今後のことはまだ流動的で予想の域を超えません。

2　高齢者向け住宅の税制の優遇措置をチェック

税制優遇の内容

　今回の法改正では３つの税制優遇があります。特例の適用は、平成25年3月31日まであります。それぞれかなり大きな優遇が用意されています。詳しくは、図表45をご覧ください。
戸数に関しては、10戸未満ということは現実的には少ないので、どの優遇制度を利用する場合でも問題ないと思います。所得税・法人税は、１戸あたりが25㎡です。

　したがって、18㎡のプランには適合しませんので注意が必要です。

　固定資産税の一戸あたり30㎡の基準は、共用スペースを含めてなので、25㎡プランの場合にはほとんど問題ないと思います。18㎡の

【図表45　税制の優遇措置】

■所得税・法人税→５年間　割増償却40%（耐用年数35年未満28%）
・床面積要件：25㎡/戸（専用部分のみ）
・戸数要件：10戸以上

■固定資産税→５年間　税額を2/3軽減
・床面積要件：30㎡/戸（共用部分含む）
・補助金受給要件：国や地方公共団体からサ高住に対する建設補助金を受けていること

■不動産取得税→家屋　課税基準から1,200万円控除/戸
土地　家屋の床面積の２倍にあたる土地面相当分の価格等を減額
・床面積要件：30㎡/戸（共用部分含む）
・戸数要件：５戸以上
・補助金受給要件：国や地方公共団体からサ高住建設費補助を受けていること

注：賃貸借契約によるものに限る。
出所：国土交通省資料より

【図表46　固定資産税・不動産取得税の減税例】

《モデルケース》
・戸数：30戸（戸あたり30㎡）　　・敷地面積：800㎡
・戸あたり建築費：900万円　　・土地取得費：１億円

	特例なし	特例あり	本措置による減税額
固定資産税（年間）	227万円	76万円	151万円
不動産取得税（家屋）	486万円	0万円	486万円
不動産取得税（土地）	90万円	0万円	0万円
合計（初年度）	803万円	76万円	727万円
合計（５年間累計）	1,647万円	357万円	1,290万円

プランですと、共用スペースが少ない場合は減税が受けられないケースも出てくる可能性があります。共用スペースを多くして建物を広くすれば、建築費も掛かりますので、こちらは土地のスペースと建築費との兼ね合いで調整が必要です。

不動産取得税については１戸あたり課税基準（固定資産税評価）で１２００万円以下ですので実際の建築費に直すと２０００万円です。１戸あたりの建築費が２０００万円を超えるサ高住は少ないと思われますので、ほとんどすべての物件が対象になると考えて問題ないでしょう。

なお、固定資産税、不動産取得税の優遇は、補助金を受けていることが要件ですので注意が必要です。

固定資産税と不動産取得税の試算

減税の具体例を図表46にまとめました。仮にこの例の場合、5年間の減税累計は１２９０万円になりますので、どれほどこの税制優遇が大きいか実感できるのではないでしょうか。

是非この優遇措置を受けていただきたいと思います。

3　空室対策がいらない!?

一括借上げ方式のため毎月決まった家賃が入ってくる

通常のアパート・マンションなどの賃貸経営の場合、皆さんが収支計算をする場合は、ある程度空室率を考慮していると思います。

なぜなら賃貸経営はいつも満室とは限らないからです。またいつも満室といっても入居者の入替えは必ずあります。その際、退去してリフォームして再度貸すまで約1か月くらいはどうしても空室の期間ができます。

ですから、少なくても5％、多ければ10％～15％の空室が常にあると見越して、収支の計算をします。

しかし、このサ高住は、ほとんどが介護事業者や管理会社の一括借上げ方式がほとんどだと思いますので、その必要はありません。一括借上げ場合、空室のリスクはその借上げ会社が負っています。その結果、空室であろうと毎月決められた額の家賃が大家さんに入ってきます。空室の心配をすることなく安定的な経営ができるといえるでしょう。

介護事業者は大家さんに支払う家賃に少し上乗せをして入居者に部屋を貸します。これは、もちろん事業ですから利益を出すということもありますが、こちらもいつも満室とは限らないので、空室率を換算し上乗せをするという意味合いが大きいです。基本的に介護事業者にとって家賃は、ほとんど右から左で、家賃で利益を出そうとは考えていません。

免責期間

最初の3か月程度は家賃支払いの免責期間というのが設定してあることが多いです。要は、大家さんには最初の3か月間は家賃が入ってこないということです。どうしてこのような期間が設けてあるかといいますと、介護事業者は通常3か月〜6か月間かけて満室にしていくからです。

もちろんオープンしてすぐ満室というサ高住もあるかと思いますが、それは稀なことです。普通のアパート・マンションの一括借上げ契約でも2〜3か月の免責期間があることがほとんどですのでこれは大家としても仕方がないことだと思います。

入居募集

サ高住をはじめした高齢者住宅は、入居募集は大家さんが行うことは難しいといえます。それは入居者の紹介されるルートが違うからです。普通の賃貸住宅の場合は、主に賃貸専門の不動産業者さんが入居者を決めてくれます。しかし、高齢者住宅の場合は、ケアマネージャーや市役所、病院、市役所等からの紹介が主になります。

最近では介護専門の仲介業者もありますが、こちらも大家さんではなく介護事業者とのやりとりになります。

4　管理費がいらない

管理費

普通の賃貸住宅の場合、大家さんが不動産管理会社に家賃の3％〜5％程度の管理費を支払って募集から退去時の精算、入居時のクレーム処理等をしてもらいます。

もちろん大家さん自身で管理されている人もみえると思います。どちらにしても管理会社か自分で物件の管理をする必要があります。

しかし、前項でサ高住は、ほとんどの場合、一括借上げ方式をとっているということを述べました。ですから、管理費というものが発生しないのです。

賃貸借契約は介護事業者と入居者になっていますので、大家さんのところにクレームが入ることもありません。物件の掃除から家賃集金はすべて介護事業者が行ってくれます。

維持費

賃貸住宅の場合は共益費を入居者からもらい、掃除や共用の電気、水道、エレベーター、受水層、浄化層、消防設備などの点検や維持管理費等にあてます。

サ高住の場合は、介護事業者が、光熱費や施設管理費などの名目で入居者から費用を徴収して維持管理してくれますので、維持費も大家さんの負担はありません。

将来のための修繕費

サ高住でも本体部分の修繕費用は大家さんの負担になります。具体的には、外壁の塗装や屋根の塗装、防水、給排水のポンプ、給湯器、防火設備です。空調は各介護事業者との相談になります。おおむね10年〜15年くらいで修繕が必要になると考えてください。

一番大きいのはやはり、外壁と屋根の塗替えです。突然これらの費用がかかるといわれても困ると思いますので、少しずつ毎月貯蓄しておくことが得策です。

費用は建物の仕様や利用の仕方によって変わってくるので、一概にはいえませんが、あえていうなら建築工事費の０・５％程度を毎年積み立てておくと安心です。もう少し厳密に試算する場合は、建築会社に概算の修繕見積りをしてもらい、その費用を10年〜15年で割ります。そうすると毎年積み立てなければいけない費用が算出できます。このように修繕積立費用を算出してしっかり積み立てておけばいざというときに慌てなくてすみます。個人の場合、積立金は経費になりません。

しかし、法人で建築した場合には、逓増型の生命保険に加入します。そうすることで、積立金の半分くらいは経費にできます。

そして10年〜15年後に生命保険を解約したときは収入が増えますが、その返戻金で修繕を行い経費にすれば、解約した年も極端に収入が増えても法人税が増えることはありませんので節税になります。

5　原状回復費用の負担は

原状回復費とは

原状回復費というのは、本来民法上では、契約の前の状態に戻すことをいいます。特に賃貸住宅ではあったものはそのままに、なかったものは持って帰り契約の前の状態にもどすということです（民法545条2項）。実務的には、入居者が退居した後、部屋をリフォームする意味で使われています。ただし、経年劣化や通常使用といった誰でもが部屋を普通に使っていて、時間の経過とともに色が変色したり汚れたりしたものは入居者からその費用をもらうことができません。

例えば、畳の日焼けによる変色や冷蔵庫の後ろのクロスの電気焼けなどがこれに当たります。退去時のルームクリーニング代なども入居者が通常の清掃をしてある場合は、入居者に請求しても特約がない限り裁判になるともらえなくなります。これは、判例や国土交通省の「原状回復をめぐるトラブルとガイドライン」、東京都は賃貸住宅紛争防止条例、「賃貸住宅トラブル防止ガイドライン」でそのように決められています。国土交通省のガイドラインは、平成23年に一部改定され、減価償却の内容変更によって、大家さんにとってはよりいっそう厳しい内容になりました、

誰が負担するのか

入居者の故意、過失によって汚損、破損したものは入居者からそのリフォーム代がもらえます。

しかし、先ほどの経年変化や通常使用のリフォーム代は通常の賃貸住宅では、大家さんの負担になります。通常の賃貸住宅でも一括借上げの場合は、それぞれ借上げ会社によって様々で、経年劣化や通常使用で入居者からもらえないリフォーム費用が大家さん負担の契約もあれば、借上げ会社の負担の場合もあります。

サ高住の一括借上げの場合、これは介護事業者と入居者との問題なので基本的には介護事業者の負担になります。ですから、通常の賃貸住宅より有利になります。

今まで高齢者向けの住宅の一括借上げで原状回復費用が大家さん負担になっている契約はあまり見たことがありませんが、もし大家さん負担になっている場合は交渉してみましょう。

その他の費用負担

建築後大家さんとしての負担が何もないわけではありません。大家さんとしての負担は、土地と建物の固定資産税と建物本体部分の経年による劣化や設備の交換です。

一般的でわかりやすいのは10年～15年の間で行う外壁の塗装工事や防水工事です。これは数百万単位のお金がかかりますので、前項で述べたとおり家賃の中から毎月少しずつ貯蓄しておく必要があります。その他には、受水層のポンプの交換、防火設備、空調などがあります。これらの負担区分は明確に法的な規定があるわけではないので各介護事業者との契約ごとに多少違いがあります。

ここは後からトラブルになる場合もあるので契約書にしっかり目を通してチェックし、疑問がある場合は、事前にしっかり打合せをすることが重要になってきます。

6　2等地でも土地活用できる

通常の賃貸住宅は立地がポイント

賃貸住宅を選ぶ際に入居者は、家賃、立地、間取り、設備仕様などを総合的に判断して部屋を決めます。あるいは３Ｐ（Price Place Plan）」などともいわれています。人によってもちろん優先順位がありますが、立地が大きなウエイトをしめています。

ですから、不動産の広告には、最寄駅から徒歩何分という記載が必ずあります。家賃や間取りや設備などは、ある程度大家さんが建築企画をする際に自分で決めれる部分もありますが、「不動・産」というだけあって、立地だけは土地を買い替えない限り動かすことはできません。

買替えすればそれなりにコストも掛かりますし、ご先祖様から引き継いだ土地を簡単に売れないという人もいると思います。地域には人気のエリアとそうでないエリアがありますので、それだけである程度勝負が決まってしまいます。

立地が悪いところに土地を所有していても固定資産税や相続税はかかりますので、土地の活用法に困ることがあります。

駅から遠い土地でも大丈夫

通常の賃貸住宅では、立地は駅から徒歩5分～10分圏内の近いところが人気があるのが普通です。

そして、皆さんが賃貸住宅を決めるときに決め手の順番は個人差はあるもののおおよそ1番が立地、２番が家賃、３番が設備、４番が間取りです。

高齢者住宅の場合、立地はあまり気にしなくても大丈夫です。入居者は介護を必要としている人が多く（自立型の場合は別です）自分で買い物に行くなどの外出をすることはあまりありません。ですから、今までアパートを建築しようと思っても駅から遠く立地が悪くてためらっていた土地でも活用が可能です。それから、既に賃貸住宅が乱立し空室が多い地域でも、高齢者住宅の場合は住む対象が違いますので建築可能になります。

介護を必要とした人が入居する高齢者住宅や施設をみると、郊外でも駐車場が少ないことに気づくと思います。それは介護が必要な入居者が自分で車を運転することがないからです。

駐車場を利用するのは、介護会社のスタッフやヘルパーさん、そして時々入居者に面会に来る家族だけです。もちろん面会にくる家族にとっては立地がよいほうがいいとは思いますが、そこまで気にしなくても入居は大丈夫です。

高齢者住宅を選ぶ基準は、家賃等を含めて月額いくらで入居できるか、どんな介護サービスが受けれるか、食事の内容、スタッフの対応や人柄を含めその住宅の雰囲気、緊急時の医療との連携はどうなっているのか、痴呆になったときにもそのまま住むことができるのか、住宅の清潔感、その次に自宅からのアクセスがいいかどうか、どんな設備が完備されているのか、などが選ぶ基準ではないでしょうか。

これらは自分の家族を住まわせると思えば想像できることだと思います。

7　賃貸住宅と違って家賃下落が少ない

高齢者住宅は家賃下落が少ない

今、普通の賃貸住宅を建築すると、新築時が一番家賃が高く次第に家賃は下がっていく傾向にあります。皆が中古と新築であれば、新築に入居したいと思うので新築は「新築プレミア家賃」がついているからです。ですから新築と築10年の物件では家賃が違うのが通常です。現在では、入居の激戦区では家賃を下げても入らないエリアもあります。

高齢者住宅の場合は、少し状況が違います。建物の新旧より介護事業者のサービスや評判のほうが重要になってきます。病院を例にとるとわかりやすいと思います。腕のいいお医者さんがいるが建物が古い病院と、評判のよくないお医者さんがいるが建物が新しい病院とあなたはどちらに行くでしょうか。やはり建物は古くても腕のよいお医者さんがいる病院に行くのではないでしょうか。

介護もそれに近い感覚があり、スタッフがしっかり面倒をみてくれたり、食事が美味しかったりなど、選ぶときは介護サービスの内容で選択される人が大半です。

いくら建物が新しくても、サービス内容が悪ければ入居者は次第に減っていってしまいます。逆に、実績があり、評判もよい高齢者住宅であれば多少建物が古くても入りたい人は多いはずです。

高齢者の施設や住宅は、ケアマネージャーからの紹介で入居が決まることが多いです。よい介護事業者であれば、ケアマネージャーも高齢者を紹介したいに違いありません。

コラム：相続はどの税理士に任せるかがポイント

　税理士の人数の登録人数は約７万人。相続税申告する人の数は死亡者のうちの約4.2％で約４万８千人です（平成20年度）。これは何を意味するのかというと、平均すると税理士は１年に１件の相続税申告をしていないということです。

　そして、相続税専門の税理士事務所では１年に１人で何件も相続税申告をこなすことになりますので、相続税申告の数は税理士によってはかなりの差があることになります。

　私も仕事柄何人もの税理士さんとお付き合いをしていますが、皆さん得意分野があります。お医者さんですと、内科は専門ではないので、専門の医師を紹介します、といってくれます。

　しかし、税理士さんはなかなかそうはいってくれません。

　おおむね相続税申告になれていない税理士さんは、多めに税金を申告する傾向にあるといわれています。相続税の申告をお願いする際は、年間何件くらい相続税の申告をするか聞いてみるほうが無難だと思います。

ケアマネージャーも高齢者の家族に高齢者住宅を紹介して「いい住宅を紹介してくれてありがとうございました」といわれるほうがうれしいに決まっています。もちろん「あそこの高齢者住宅は建ったばかりで綺麗でいいですよ」という話もないわけではありません。

　でも「ここの高齢者住宅は多少古いですが、住宅内は清潔に保たれていますし、スタッフの対応もとてもいいのでオススメですよ」といってもらったほうがきっと入居は決まりやすいでしょう。

　ただ、介護保険制度の改正は3年に1度あります。この介護事業はいわば国の介護保険制度の上に成り立っているビジネスモデルといえます。

　現在介護保険の負担率は1割ですが、将来大幅に負担率が上ると家賃にしわ寄せがきて、絶対に家賃が下落しないとはいいきれません。

　しかし、最初に無理な家賃設定をしない限り、通常の賃貸住宅と違いすぐ家賃が下がることは少ないと考えていいと思います。

8　新築でも高利回り

表面利回りと企画の大切さ

多くの大家さんは利回りの計算方法を理解していると思いますが、賃貸経営が初めてという人のために利回りの計算の式を紹介しておきます。

年間総家賃÷建築費×100＝利回り（％）

これが表面利回りの計算式です。1億円の費用をかけてアパ・マンを企画し、年間に受け取る家賃の合計が1000万円であれば利回りは10％になります。ここでいう「建築費」とは本体の建築費＋本体以外の工事＋外構や造成工事＋消費税の合計です。すでに、あなたがハウスメーカーや建築会社からアパ・マンの建築提案を受けているとしたら是非この計算をしてみてください。

アパート・マンションでは退居が発生します。今の表面利回りの計算では100％家賃が入ってきた計算をしていますが、それはありえません。空室損料や借入金の金利、管理費や固定資産税等のランニングコストがかかるので利回り10％でも実際に建築費をペイするには、12年前後かかると予想できます。

一度建築費が決まって工事が始まってしまうと、この利回りを後から改善させるのは非常に難しいです。なぜなら、先ほどの利回りの計算式でいうと分母が決まってしまうからです。工事が始まってしまったら工事費を削ることは限界がありますし、分子である家賃を上げるのも限界があるからです。これがアパ・マン経営が企画の段階でほとんど決まってしまう理由です。

９％～10％の利回りでも実はとても有利な理由

一部の大家さんの中には９％～10％の利回りなんてたいしたことはないと思う人もいるかもしれません。確かに、中古の物件を買おうと思えば利回りが10％を超える物件はそんなに苦労しなくても見つかると思います。

また、事務所や店舗などの事業用の建物の場合はもう少し利回りはよいでしょう。

しかし、通常の新築の賃貸住宅で９％～10％の利回りの出る企画は非常に少ないです。もちろんないことはないですが、余程人気があるエリアか単身者用の物件を建築しても入居者が埋まる都心の一部の地域、あるいは戸建賃貸などの特殊な賃貸住宅だけです。

特にリーマンショック以降、単身用は一部を除き全国的に空室率が高くなっています。机上の計算ではうまくいっても実際に建築してみて手残りを計算してみるとさほど収益が残らないケースが多いでしょう。もう少し深く追求してみると、高齢者住宅はとても有利だということがわかります。

一般的な賃貸住宅での利回りの計算は満室家賃で計算します。そして、大家さんへ支払う家賃は一括借上げですと入居者へ貸す家賃の90％～85％の賃料になるので、借上げ家賃で利回りの計算をすると７％～８％くらいになってしまいます。

しかし、サ高住の利回りは、その借上げ家賃でも９％～10％になりますので、とても有利な土地活用といえます。

9　今後も拡大する市場での事業

空室問題はこれから本格化する

日本の人口は２００７年にピークを迎え徐々に減少に転じました。しかし、まだ世帯数は増加しています。

世帯数が減ってくるのは人口問題研究所によると２０１５年からと推計されています。

２００７年～２０１５年の間は人口は減っても世帯数が増えている状況なので1世帯あたりの人数は減っています。その原因は、晩婚化と核家族化、独居老人の増加などがあげられます。

したがって、外国人の移民が極端に増えたりしない限り空室の問題は２０１５年から本格化するといえるでしょう。

現在でも高い空室率

世帯数が増えているというものの、今や全国の賃貸住宅の平均空室率は23％といわれています。もちろん地域や間取り家賃によって満室経営を続けている大家さんもいることでしょう。実際、私のクライアントさんもほとんど満室で退居があってもすぐに入居が決まっています。

また、私は別会社で賃貸住宅の管理もしていますが、現在も満室です。しかし、中には半分しか埋まっていない大家さんもいることは事実です。バブル期までは建てれば入るという時代でしたが、今後は満室にするためにはよりいっそうの経営努力が必要です。

建築しないと食べていけない建築会社

建築会社は建築することでお金を稼いでいます。ですから、建て続けないと潰れてしまうので、こんな時代でも地主さんに今でもアパートやマンションの建築をすすめます。もちろん、まだ賃貸住宅を必要としている地域もありますので、すべての開発がいけないわけではありません。

大家さんのことをよく考えて市場をよく見極めて提案してくれていればいいのですが、そうではない場合、結局後から困るのは投資家である大家さんです。

ですから、大家さん側も自分の土地の地域の賃貸市場がどうなっているかをよく調査し、設定家賃を含めその提案の善し悪しが判断できる知識と知恵を持つべきです。

成長するマーケットで賃貸経営をしよう

①で述べたとおり、高齢者の市場は今後30年以上拡大します。かたや通常の賃貸住宅市場は一般的に飽和状態で人口、そして世帯数もいずれ減少するでしょう。あなたはどちらの市場で商売をしたいでしょうか。私は、資金的な条件や土地の条件、タイミングさえ合えば、今後も長期にわたり成長するマーケットでビジネスをしていただきたいと思っています。

私は、本来、ビジネスとはよいことを世の中に広めるツールだと思っています。もちろん通常の賃貸住宅の建築もしかりですが、高齢者住宅のほうが社会貢献性はより高いのではないでしょうか。

第5章のまとめ

サ高住のメリットは、全部で9つ。

①建築費の10％の補助金がもらえる！
②3つの税金の優遇がある！
③空室対策が不要！
④管理費不要！
⑤退去時の原状回復工事の負担不要！
⑥駅から遠い土地でも活用可能！
⑦家賃下落が少ない！
⑧新築でも高利回り、最終手残りは多い！
⑨これから成長するマーケットでの事業である！

⑥ 大家さんの悩みを高齢者賃貸住宅経営で解決

1　固定資産税対策をしよう

固定資産税の負担を軽減

固定資産税の土地の評価方法は宅地、駐車場、住宅地、農地などによって異なります。店舗や事務所などの宅地や更地はほぼ100％の評価で軽減がありません。

賃貸住宅を更地や駐車場に建築すると小規模住宅用地の課税標準の特例で1戸あたり、200㎡まで、固定資産税は概ね6分の1に、都市計画税は3分の1に軽減されます。サ高住も、固定資産税の軽減を受けることができます。

建物の固定資産税は、通常の賃貸住宅で、18㎡～25㎡の広さでは、軽減措置はありませんが、サ高住では、5年間3分の2軽減（3分の1の負担）されます（図表47参照）。

固定資産税を下げるテクニク

共同住宅では1戸あたりで土地200㎡までの固定資産税を下げることができます。通常のアパートでは戸数×200㎡ですので、ほとんどの敷地が6分の1の減税の対象になるでしょう。

図表48のように共同住宅と駐車場が併設されているような土地では、アパートの駐車場にもかかわらず、駐車場の固定資産税は減額なしの100％の固定資産税の対象になってしまっていることがあります。そんなときは境のフェンスを取り払い、○○アパート専用の駐車場と看板を出してお

【図表47　賃貸住宅の建設により固定資産税と都市計画税が軽減できる】

区　分		固定資産税の評価額	都市計画税の評価額
小規模住宅用地	住宅１戸につき200㎡までの部分	１／６	１／３
一般住宅用地	住宅１戸につき200㎡超で床面積の10倍までの部分	１／３	２／３

【図表48　固定資産税を下げるテクニック例】

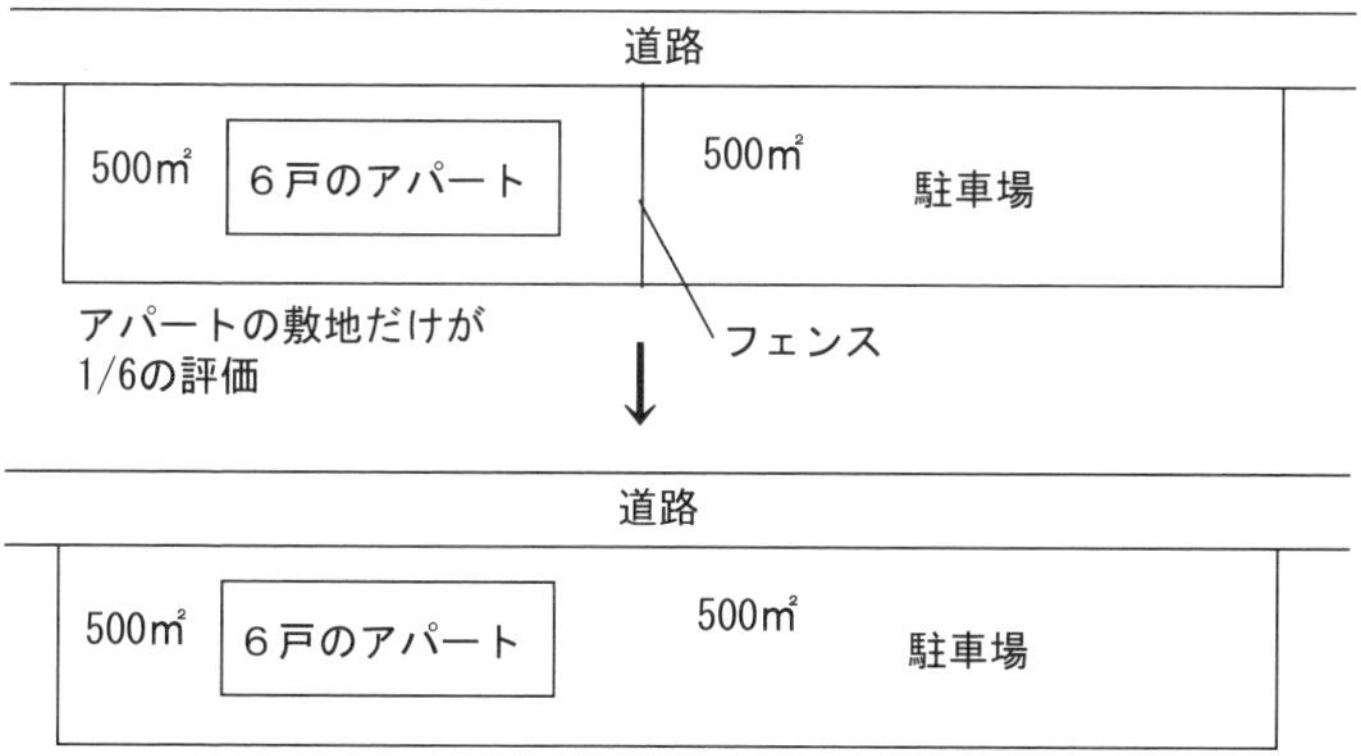

すべての土地が1/6の評価になる（1,200㎡まで1/6の評価）

◎フェンスがあればとる。分筆されていれば、できれば合筆する。
　アパート専用駐車場と看板をつける。

きましょう。

　実際にアパートの専用駐車場であれば軽減が受けられます。しかし、固定資産税は申告税ではなく役所が現場を見て評価を決めますので、評価がおかしいと思ったときは交渉をしに行かなくてはいけません。

　自分の固定資産税評価を疑問に思ったら役所の資産税課に相談にいきましょう。

2　土地の管理に悩んでいる地主さんへ

更地の管理

更地にしておくと直ぐに草が生えてきて草刈をしないといけなくなります。市街地ですと近所から草を刈って欲しいと苦情が入ることもあるでしょう。

農地は、耕作している人が高齢化し農業ができなくなってきます。しかし、子供達はサラリーマンで農業の後を継いでくれる人がいない場合も少なくないでしょう。

こちらも草を生やしておくと近隣の農家から草の種が飛ぶのでしっかり草を刈って欲しいといわれるそうです。草刈も自分でできればいいですが、業者に頼めばそれなりに費用がかかります。

ただでさえ更地は、固定資産税が高いのに草刈まで業者にお願いすると、土地を持っているだけでかなりのコストがかかります。

負債から資産への転換

バブル期まではインフレで土地は持っていれば値が上がりましたが、今はデフレで人気の一部地域を除いて土地の価格は下がり傾向です。もはや土地は持っているだけではコストがかかり負債になります。ここでいう「資産」と「負債」は、自分のポケットにお金を入れてくれるかどうかです。

例をあげると、「資産」は賃貸住宅や会社、金融商品、収入の入ってくる権利などで、持っていると収入が発生するものです。「負債」とは、家や車、クルーザーなど持っていると支出が発生するものです。

あれ？　家は資産ではないの？　と思う人もいるかもしれませんが、家は売れば確かにお金にはなるかもしれませんが、持っているだけでは固定資産税という支出はあるものの、何も収入を生みません。

土地もただ持っているだけでは、「負債」です。これを人に貸すなり、収入の入ってくるような建物をつくり、人に貸すことによってはじめて「資産」に変わります。

市街化区域と調整区域

都市計画法では、無秩序な市街化を防止し、計画的な市街化を図るため、都市計画区域を市街化区域と市街化調整区域に区分されています。

市街化区域は、すでに市街地を形成している区域と今後おおむね10年以内に優先的かつ計画的に市街化を図るべき区域とされ、市街化調整区域は、市街化を抑制すべき区域です。

これらより都市計画法では市街化地域に土地をもっている人は、用途地域にあった建物を建ててくださいという意図があるのです。

ですから、固定資産税では、更地は低利用地ですから、税金を高くしますよ、住宅などを建てると安くしますよ、といっているのです。

なるべく農地や更地にしておいてくださいというのが市街化調整区域です。

3　収益確保土地の経費は土地で稼ぐ

土地の経費は土地で稼ぐ

土地の経費は、固定資産税や都市計画税、そして管理費です。沢山土地を持っている地主さんになると固定資産税だけで、数百万円の支払いになります。これを給与で支払っていたら大変です。給与はすべて固定資産税の支払いでなくなってしまい生活できません。やはり土地の経費は土地で稼いでもらわないといけません。そうすると何かしら土地を活用しなければなりません。

土地活用の選択肢は3つしかない

土地の利用法は3つしかありません。「貸す」「建てる」「売る」の3つです。それぞれどんな選択肢があるかみてみます。

▼貸す

駐車場、コインパーキング、定期借地（商業施設・住宅）、資材置き場、農地として貸す

▼建てる

賃貸住宅（アパート・マンション・戸建賃貸・高齢者住宅）、工場（倉庫）、事務所、店舗

▼売る

まだ細かく分ければ選択肢はあるかもしれませんが、大きく分けると、この3つになります。

「貸す」ことのメリット

「貸す」ことのメリットは投資がいらないことです。デメリットは地代から固定資産税を引いてみると、利益は非常に少ないことです。定期借地で商業施設に貸すという選択肢がありますが、大通りに面していればこの選択肢はとてもよいと思います。企業によっては結構高額な地代をもらえることがあります。コインパーキングも立地がよければ比較的高く借りてもらえます。

建てるメリット

建てるメリットは、貸すことよりは収入が多いことです。デメリットは投資が必要で入居してもらわないと収入が入ってこないことです。事務所や店舗は立地が良ければ賃料は比較的高く利回りは賃貸住宅よりも高くなります。しかし、現在では店舗や事務所も空室が目に付きます。アパート・マンションは、すでに高い空室率で、ルームシェアや戸建賃貸など特徴のあるものだけが高い入居率を維持しています。

そう考えると、実際は選択肢はそんなに多くなく、サ高住は、将来性や成長性を考えるととてもいい選択肢です。競合が多い地域では、介護事業者も新規の開所は控えるでしょう。この事業は介護事業者あっての事業です。ある意味今後は陣地取り合戦です。あとからではこの事業をしたくても参入できなくなることも考えると、今は政府の補助金もあり参入する機会です。

ご自分のもっている土地の特性にあった選択肢をして土地の経費は土地から稼ぐことをおすすめします。

4　建替えや貸地の返還にも利用しよう

古い賃貸住宅の建替え

大家さんの中には、老朽化した賃貸住宅や借家をお持ちの大家さんもいると思います。中には、空室がなかなか埋まらなかったり修繕費用がかかって困っている大家さんもいることでしょう。

また、地震がきたとき建物が壊れそうで心配な大家さんもいると思います。実際に大家さんが管理責任を問われたケースもあるので注意が必要です。しかし、中途半端に入居者がいると立退費用もかかりますので、建て壊すのにはそれなりの覚悟がいります。

建替えの目安はやはり入居者が半分以下になったときだと思います。

立退交渉を始めて退去が完了する期間は入居している人の考え方と立退交渉を実際にする人の交渉力によって違ってきますので一概にはいえません。

私も何度か賃貸住宅の建替えの提案をしてきて、立退きの経験もあります。10室の立退きが2か月で終わったときもありますが、8件の立退きで2年以上かかったときもありますので、こればかりは実際に交渉をしてみないとわかりません。

私の今までの経験で新築の賃貸住宅の建築の中で建替えの物件の割合は約2割です。今後はもう少しこの割合は増えると思います。この建替えのときにもサ高住を選択肢にいれてみる価値は十分にあります。

貸地の返還

現在のように景気が低迷しているときは、企業はリストラを行います。その一環で採算性の悪い店舗を閉鎖することはよくあることです。そういった場合にもサ高住は選択肢の中に入れるべきです。

実際に私が企画提案した物件で今年の夏に完成した物件は、そのように商業施設用に貸した土地が契約の解除で還ってきた土地でした。最初は他のハウスメーカーから普通の賃貸住宅を提案されてどうしようか迷ってみえました。私は戸建賃貸と高齢者向け住宅を提案しましたが、家族会議で最終的には入居のことを考えると、高齢者向けの住宅がいいということになり話が進みました。

大家さんには介護事業者が実際に運営している施設を2か所見ていただきました。介護事業者が実際に運営している施設をみて、おじいさんも息子さん夫婦も納得されていました。経営者にも会ってどういう気持ちで介護をしているかなどの経営理念を聞き、人柄も気に入っていただいたようでした。提案をはじめた当時は、高齢者住まい法の改正前で、まだ高齢者専用賃貸住宅（高専賃）という名称でした。その中でも適合型高齢者専用賃貸住宅という一番基準の厳しい住宅を提案していましたので、法改正があっても登録基準に十分合致している建物スペック（仕様）でしたので特に問題はありませんでした。

このように貸した土地が返還されてくることはよくあることですが、貸してあったからといって次も同じような借り手を探すのもいいですが、相続対策の必要性がある大家さんはこの機会に建物を自分で建てるほうが節税メリットが大きくなります。

5　相続税対策はこれで決まり（相続税対策として高齢者向け住宅が適している理由）

長期安定経営が必要

相続対策で賃貸住宅を建築する場合は、ローンは長めに組むことが多いでしょう。理由は、現金資産が少ないことと、相続発生時に借入れの元金が多く残っていたほうがいいからです。そして借入期間が長いと毎月の返済額も少ないので納税資金も溜まりやすいです。

しかし逆に借入期間が長いということは、それだけ長期に渡りその事業が安定して収入を生んでくれなければいけません。

通常の賃貸住宅と高齢者住宅を比較した場合、どちらが長期に安定的な収益を生んでくれるかを考えなくてはいけません。一方は、すでに飽和状態で今度人口も世帯数も減ってくる市場。もう一方は、今後まだ30年は高齢者人口が増える市場。一概に比較することはできませんが、自分の所有している土地の地域のニーズを（特性、人口動態、入居状況等）をよく調査して最終的な結論を出すべきです。

具体的には、通常の賃貸住宅の入居状況と高齢者住宅や施設の入居状況や供給状況。駅が近いか遠いか。高齢者住宅に支障がある建築物が近隣にないか。高齢者が多いのか若者が多いのか。人口は増えているのか減っているのか。要介護者の人口はどれくらいあるのかなどを調べて比較検討すると結論はおのずと見えてくるでしょう。

単体で収益が確保できることが重要

相続税対策で賃貸住宅を建築することは、多々ありますが、重要なことは、その賃貸住宅経営が相続税の節税効果を抜きにしても単体で収益があがることです。いくら相続対策といっても賃貸経営がマイナスでは本末転倒です。

それより逆に収益を考えた経営ができて、プラスアルファーで相続税の減税効果があると考えるくらいが理想だと思います。そうしないと、相続が終わった後、その不動産物件を引き継いだ子供さん達が苦労してしまいます。

日本の資産家の資産は不動産が多い

船井財産コンサルタンツの「財産白書」によると、日本人の資産のうち不動産の割合は、１９８９年には77％、２００９年には66・４％（このうち自宅は54・１％）金融資産は、わずか24・５％と発表されています。

約20年で11％低下していますが、不動産の割合が下がったといっても、約７割近くが不動産ということになります。更に、自宅以外に土地を所有している方、特に農家や元農家の平均は当然これより高くなることは容易に想像できることです。

相続税は、相続発生後10か月以内に基本的には現金で相続税を支払わなくてはなりません。物納制度もありますが、バブル期に物納が急速に増加したため、財務省も現金化するのが大変なので近年は物納のよる納付は狭き門になっています。

6　相続税対策の種類

相続対策の種類

相続対策の種類は、「分割対策」「納税対策」「相続税（資産圧縮）対策」の3つからなっており、どれも大変重要な対策です。「分割対策」とは、しっかり相続人にトラブルなく財産を分割する対策で、遺言、生前贈与などによりトラブルを防ぐことです。

納税対策とは、相続発生後10か月以内に納税ができるように、事前にゆっくり高値で土地を売却したり、物納できるように要件を整えたりなどの納税資金の確保をする対策です。

相続税圧縮のための手法

相続税圧縮のための手法をあげると、図表49のとおりです。

圧縮対策はできる限り組み合わせて節税をします。相続税対策の第一歩は相続税の試算です。現状の把握をしなければ、どれくらいの相続対策が必要か、贈与はどれくらいまでが有利か。納税資金がどれくらい必要なのかがわかりません。税理士に試算・分析をしてもらうことが必要です。しかし、簡易的な試算は、自分でもできます。手順は、路線価や固定資産税評価を利用し不動産評価を大まかに出し、金融資産を足して総資産額を出します。そして、早見表で子供の数と総資産額を確認し数字を出します。次項以降で計算方法を記載していますのでぜひ挑戦してみてください。

【図表49　相続税圧縮のための手法】

項　目	説　　明
①賃貸住宅などの建設	所有している土地に賃貸住宅を建築することにより土地の評価を下げます。 借入れや現金によって建てた建物との評価の差額を利用します。 これにより大きな評価減が行え、相続税法上の資産評価を圧縮します。 また、定期借地で土地の評価を下げることも対策の１つになります。
②養子縁組	自分の孫などと養子縁組することにより、基礎控除・生命保険控除・退職手当金の非課税枠を増やします。 また、相続人が増えることにより１人ひとりのもらう財産が少なくなりますので、税率も同時に下げることが可能です。 実子がいる場合は１人、実子がいない場合は２人まで、法定相続人として認められます。 （実子がいる場合は、１代とばして相続できますが、相続税が２割加算されます）
③生命保険	生命保険に加入することにより、生命保険控除が使え、納税資金も確保できます。
④生前贈与	贈与税の税率は、相続税の税率より高くなっています。しかし、実際に相続税の試算をしてみて、相続税金がわかると、資産に対する相続税額の率（実効税率）がわかります。贈与税も累進課税なので少ない金額ほど低い税率になります。 そこで、少ない金額の贈与の場合では、税率が低くないので、贈与のほうが有利なケースがあります。そのような場合は、一部贈与を行います。 年間110万円の無税の暦年贈与で少しずつ資産を移転することもできますが、金額が少ないため長期の贈与計画的が必要になります。また、相続時精算課税制度を利用するのも１つの手法になります。
⑤小規模企業共済	最高で年間84万円ずつ、積み立てることにより、所得税も全額控除になりますし、相続時死亡退職金となり１人500万円の控除枠があります。

7　相続税の仕組み

相続人割合

相続割合は配偶者は1／2、子が1／2です。子がいない場合は親にも相続権が発生し、配偶者2／3、親が1／3になります。親もいない場合は、兄弟にも相続権があり、配偶者3／4、兄弟姉妹が1／4になります。また、子供が亡くなっている場合で、孫がいる場合は、本来その子の相続権分を代襲相続することになります（図表50参照）。

基礎控除

相続税の計算での基礎控除は5000万円と相続人×1000万円の合計が基礎控除になります。

図表50　法定相続分と遺留分

法定相続人	相続分	遺留分
配偶者	1/2	1/4
子	1/2	1/4

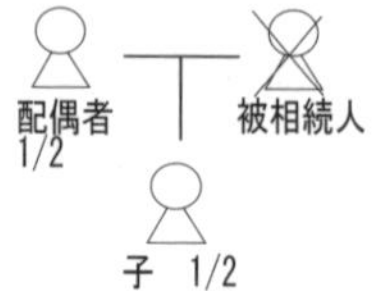

法定相続人	相続分	遺留分
配偶者	2/3	1/3
父子母	1/3	1/12

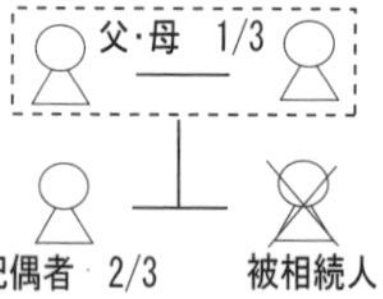

法定相続人	相続分	遺留分
配偶者	3/4	1/2
兄弟姉妹	1/3	なし

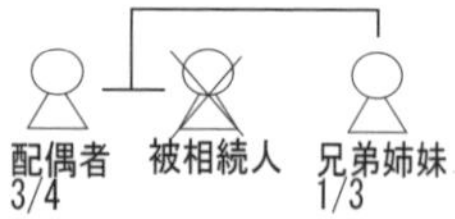

その他の控除

その他に生命保険金控除、死亡退職金控除は、それぞれ相続人×

【図表51　相続税の総額の計算】

相続財産				課税価額（千円）
	本来の相続財産	建物	①	
		土地	②	
		借地権	③	
		現金預金	④	
		有価証券	⑤	
		家財・その他	⑥	
	みなし相続財産	生命保険金	⑦	
		死亡退職金	⑧	
合計（積極財産）			a	
	借入金および未払債務		⑨	
	葬儀費用		⑩	
合計（消極財産）			b	
課税価額の合計額（a－b）			c	

【図表52　相続税の速算表】

法定相続人の課税財産（基礎控除後）	税 率	控除額
1,000万円以下	10%	－
1,000万円超3,000万円以下	15%	50万円
3,000万円超5,000万円以下	20%	200万円
5,000万円超１億円以下	30%	700万円
１億円超３億円以下	40%	1,700万円
３億円超	50%	4,700万円

５００万円分の控除があります。

計算方法と税額表

相続税は、資産と負債を洗出し、差引します（図表51）。その総額を各相続人の相続割合にわけて税率を掛けます。そして控除額を引いて一度合算して再度相続人が実際に相続する割合で按分します。総額が出たら相続税額が簡易にできる早見表を

【図表53　相続税早見表】　（単位：万円）

相続財産総額（基礎控除前）単位：億円	相続人が配偶者と子供の場合			相続人が子のみの場合		
	配偶者と子１人	配偶者と子２人	配偶者と子３人	子１人	子２人	子３人
１億	175	100	50	600	350	200
1.5億	600	463	350	2,000	1,200	900
２億	1,250	950	812	3,900	2,500	1,800
2.5億	2,000	1,575	1,375	5,900	4,000	3,000
３億	2,900	2,300	2,000	7,900	5,800	4,500
４億	4,900	4,050	3,525	12,300	9,800	7,700
５億	6,900	5,850	5,275	17,300	13,800	11,700
６億	8,900	7,850	7,025	22,300	17,800	15,700
７億	11,050	9,900	8,825	27.300	22,100	19,700
８億	13,550	12,150	11,075	32,300	27,100	23,700
９億	16,050	14,400	13,325	37,300	32,100	27,700
10億	18,550	16,650	15,575	42,300	37,100	31,900
15億	31,050	28,450	26,825	67,300	62,100	56,900
20億	43,550	40,950	38,350	92,300	87,100	81,900
30億	68,550	65,950	63,350	142,300	137,100	131,900
40億	93,550	90,950	88,350	192,300	187,100	181,900
50億	118,550	115,950	113,350	242,300	237,100	231,900

※配偶者がいる場合、遺産総額が３億円までの部分については、配偶者に対する税額軽減特例を最大限活用しています。
※養子がある場合には、養子の数は実子がいる場合は１人、いない場合は２人までが基礎控除の対象となります。

載せておきます（図表53）。

納税期日

納税期日は、相続発生から10か月以内です。その間に、相続評価をして遺産分けを決定し、納税方法を決定し納税資金の確保をしなければいけません。

土地の評価方法

路線価と倍率評価で計算します。

建物の評価

建物の評価は固定資産税評価になります。

8　相続税対策に高齢者向け住宅が適している理由

サ高住を建築するとどれくらい相続税が安くなるのか

わかりやすく、1億円の相続税評価の土地に1億円のサ高住を建築したとしましょう。

現状では、相続税評価で1億円の土地だけだとします。

土地は貸家建付地の評価になりますので、8200万円になります。建物は建てた瞬間に固定資産税評価になり、借家権割合を引くと4200万円の評価になります。

結果的には、合計で7600万円も評価を下げることができます。

【図表54　1億円の土地を所有していて1億円の建物を建てる場合】

⑴　土地の評価

1億円×（1－　0.6（借地権割合）　×　0.3（借家権割合））＝8,200万円…①

注：借地権割合は地域によって異なります。

⑵　建物の評価

1億円×　0.6（固定資産税評価）　×　0.7（借家権割合）　＝4,200万円…②

⑶　借入金

1億円…③

①＋②－③＝2,400万円

⑷　評価減の合計

1億円－2,400万円＝7,600万円

このように、賃貸住宅系の建物を建てると大きな評価減が得られます。この評価減に実際の税率をけたものが土地活用による減税効果になります。

注：借地権割合は、地域によって異なります（50%～70%のところが多い）。
東京近郊の住宅地は60%が多く、愛知では50%が多いです。上記は、60%として計算しています。
借家権割合は、大阪の一部を除き全国30%です。

9　よくある相続税対策の勘違い

借入れをしても現金でも同じ効果

よく相続対策で借金をしないといけないといいますが、賃貸住宅を建築する際に、借入れで建築しても現金で建築しても、実は相続税の減税効果はかわりません。実際に先ほどの例を使って計算してみます（図表55、56参照）。

このようにＡＢどちらも下がった評価は７６００万円で同じです。ですから、建築費用に加え納税資金もある大家さんは、現金で建築したほうが金利支払いがない分有利になります。

このように建物の評価が固定資産税評価になることが大きい要素になります。ですから、建物の評価のときに借家権割合を引くことができないことと、土地の評価が下がらないので賃貸住宅ほどの節税効果はありませんが、自宅を建築しても相続対策になります。

ただし、先にも述べたように、日本の資産家は約70％が不動産なので、現金が少ない人が多いのが現状です。そのために、納税資金を確保しなければいけないので、多少の現金があっても、賃貸住宅の建築費の多くを借入金で賄うケースが多いのは事実です。

納税資金の確保であれば、賃貸住宅からの収入で終身型の生命保険に加入することも1つの方法です。現在では、健康であれば、高齢でも加入できる生命保険がありますので、もう少し生命保険も相続対策の納税対策の選択肢として見直すべきだと思います。

【図表55　１億円の土地と現金１億円の合計２億円の資産を所有していて１億円の建物を建てる場合】

(1)　土地の評価

　　　　　　　　　借地権割合　　　借家権割合

１億円×（１－　0.6　×　0.3　）＝8,200万円…①

注：借地権割合は地域によって異なります。

(2)　建物の評価

　　　　　固定資産税評価　借家権割合

１億円×　0.6　×　0.7　＝4,200万円…②

(3)　借入金

なし

(4)　自己資金

全額自己資金　１億円→0円へ

①＋②＝１億2,400万円

(5)　評価減の合計

２億円－１億2,400万円＝7,600万円…Ａ

【図表56　１億円の土地と現金１億円の合計２億円の資産を所有していて借入金１億円の建物を建てる場合】

(1)　土地の評価

　　　　　　　　　借地権割合　　　借家権割合

１億円×（１－　0.6）×　0.3　）＝8,200万円…①

注：借地権割合は地域によって異なります。

(2)　建物の評価

　　　　　固定資産税評価　借家権割合

１億円×　0.6　×　0.7　＝4,200万円…②

(3)　借入金

１億円…③

(4)　自己資金

自己資金はそのまま１億円…④

①＋②－③＋④＝１億2,400万円

(5)　評価減の合計

２億円－１億2,400万円＝7,600万円…Ｂ

10　よくある相続トラブルと回避法

相続争いは外野から始まる!?

相続でトラブルになるのは、相続財産の取り分です。親は子供が相続争いなんかするとは思っていないかもしれませんが、相続人の配偶者のお陰でトラブルになる場合も少なくありません。

本人は嫁に出た立場なので、実家を継ぐ兄にある程度任せておこうと思ってもその配偶者が「民法上相続の権利は平等だから少しはもらってきなさい」などと言い始めると、トラブルになることがあります。

実家を継いでいる兄は親の介護をずっとしてきて外に出て行った姉妹に「平等に分けてよ」といわれると、「確かに法律上はそうだけど、親の面倒や法事やお墓の世話などをずっとしてきて、それはないのでは？　実家を継いだ者は苦労ばかりだ。そんなの納得いかない」となります。

トラブル回避の方法

トラブル回避の方法の1つに遺言があります。遺言の形式には「自筆証書遺言」「秘密証書遺言」「公正証書遺言」3つあります。もめてもすぐに裁判所で判決がもらえる公正証書遺言がベストです。費用は、40万円前後かかりますが、もめそうな家庭では遺言は非常に有効な相続争い防止法です。

ただ、相続人の中で配偶者と子には、法定相続分の1／2、父・母だけの場合は法定相続分の1

／3の遺留分というのがあります（兄弟姉妹にはありません）。「長男に財産の全額を相続させる」という遺言でも、遺族が納得いかず遺留分の減殺請求という裁判上の請求をすると、遺留分を侵害している部分は無効になってしまいますので注意が必要です。

そんなときは、相続時精算課税制度で先に贈与をしておくことも手段としてはありますので税理士さんと相談してみましょう。

不動産は共有にしてはいけない

不動産は相続後に売却して現金にする物件以外は共有にしてはいけません。時々、多くの財産を共有にしているのをみかけますが、これはとても大きなリスクを抱えています。共有にすると、民法上勝手に修繕や売却ができません。

特に収益物件を共有にした場合などは、将来は必ず修繕が発生します。そして共有者は、それぞれ、収入状況や資産の状況、家庭環境が違います。

いざ修繕をしようと思っても、1人はお金がなく修繕ができない。1人は、外観が汚いので入居に悪影響があるので塗装工事をしたいなどと意見がわかれると修繕工事もできません。そうなると外観が悪く入居率が落ちてきて収入も減ってきます。

売却したいといっても、1人は売らずに賃料収入がいいとか、1人は売ってもいいけどこの金額では売りたくないとか、身動きがとれなくなることもあります。ですから、不動産の共有は止めておくほうが無難です。

11　相続税法が改正されるとこうなる

改正が行われると

平成23年度、相続税の改正がある予定でしたが、今年は震災復興税が優先され見送られました。ただし、国としては財源は足りませんので、増税の方向に間違いはありません。平成24年度には改正が行われる可能性が高いと予想はされていますが、これは今後の政局次第です。

改正が行われるとどうなるのか、平成23年度の改正案を検証してみます。主な改正点は、基礎控除、税率、生命保険控除、相続時精算課税制度です。

基礎控除は40％減に

現行：５０００万円＋１０００万円×法定相続人数

改正案：３０００万円＋６００万円×法定相続人数

これにより配偶者と子供２人という一般的な法定相続人が３人のケースで計算すると、８０００万円あった基礎控除が４８００万円になります。都市部では、かなりの人が相続税課税世帯になるとみられています。

税額では同条件で最高税率の場合、１７６０万円の増税になります。

【図表57　相続税・税率構造の見直し案】

改正案			現行		
課税財産（基礎控除後）	税率	控除額	課税財産（基礎控除後）	税率	控除額
1,000万円以下	10%	−	1,000万円以下	10%	−
1,000万円超3,000万円以下	15%	50万円	1,000万円超3,000万円以下	15%	50万円
3,000万円超5,000万円以下	20%	200万円	3,000万円超5,000万円以下	20%	200万円
5,000万円超１億円以下	30%	700万円	5,000万円超１億円以下	30%	700万円
１億円超２億円以下	40%	1,700万円	１億円超３億円以下	40%	1,700万円
２億円超３億円以下	45%	2,700万円	３億円超	50%	4,700万円
３億円超６億円以下	50%	4,200万円			
６億円超	55%	7,200万円			

税率の変更

税率においては最高税率が50％から55％に変更になります。税区分も６段階から８段階に変更されます。詳しくは、図表57の新旧の比較表を参照してください。

生命保険控除の一部制限

生命保険金は、法定相続人×５００万円の非課税枠があります。現行は、すべての法定相続人が対象でしたが、改正案では①未成年者、②障害者、③相続開始まで被相続人と生計を一にしていた者にあてはまる人しか利用できなくなります。

相続時精算課税制度

こちらは、逆に対象者が増えました。現行では、受贈者は法定相続人だけでしたが、改正案では20歳以上の孫が追加されました。贈与する側の年齢も65歳から60歳に引き下げられますので、利用できる人が増えたことになります。こちらは、高齢者の持っている財産を早く流動化して景気を刺激したい思惑があると思われます。

第６章のまとめ

長年、大家さん、地主さんのコンサルティングをしてきましたが、土地活用する動機は５つに集約されます。それは、「固定資産税」「相続税対策」「土地の管理」「築古物件の建替え」「収益の確保」です。

サー高住は、もちろんこの５つのニーズを満たすことのできる土地活用法です。

そして、クライアントさんからはその中でも相続対策は大きなテーマです。相続対策のスタートは、相続税の試算です。試算をするということは資産の棚卸を同時にすることになります。試算をしなければ分割対策、納税対策、相続税対策を正確に行うことは難しいです。

しかし、これはなかなか子供からは言い出しにくいという声もよく聞きます。それは、何か早く死んでもらいたいとか、財産を狙っていると思われるのが嫌だからです。

ですから、次の世代が争いなく、先祖からの資産をスムーズに引き継ぐまでは、親の責任だと思って親のほうから「相続対策をするぞ」と子供に声をかけることが重要だと思います。

⑦

高齢者賃貸住宅経営の最強収益モデルを追求するとこうなる！

1　これが大家さんにとって一番のモデル

木造で建築しコストダウンをする

高齢者住宅を建築する場合の構造は、3階建以上であれば、重量鉄骨造か鉄筋コンクリート（RC）造が適しているが、2階建であれば木造で十分です。建築の坪単価を考えても木造であれば坪50万円程度で建築できます。

そうなると、土地の広ささえあれば木造2階建のプランが一番安く建築できます。木造でも住むのは高齢者ですから飛び跳ねるわけではないので上下の音もさほど問題ではありません。

また、構造で家賃が決まるわけではないので木造で十分です。

華美なデザイン、多機能な仕様は極力省く

今まで失敗してきた高齢者住宅を見てみると、豪華な仕様の建物が多いです。豪華な仕様にすると建築費が高くなり、それをカバーしようとすると家賃を上げなければいけません。

家賃を上げると入居者が入らないということになります。入居者が入らないと介護事業者が収益が上がらずに撤退してしまいます。そうなると、次の介護事業者が後を引き継ぎますが、もちろん家賃に問題があるので引き受ける条件として家賃の値下げ交渉になります。

結局最後に困るのは大家さんなので、あまり豪華な仕様にするのは止めておかなければいけませ

ん。入居者は豪華な設備より、高齢者のためによく配慮された設備で家賃が安く、しっかり介護してくれる介護事業者さんのところに入居したいのです。

戸数は30戸前後がベスト

木造で30戸のプランだと本体工事で大体１億５０００万円になります。簡単にいうと１戸５００万円の計算です。実際は本体工事以外に、造成工事、外構工事、地盤改良費、消費税、その他諸経費がプラスされてきます。

後述する防火設備等のことも考え、大家さんにとっては、収益的には木造、２階建、30戸前後、本体１億５０００万円がベストプランということになります。

どんな建築会社で建てるか

地域の建築会社で実績のある会社で建築するのがベストです。大手ハウスメーカーで建築するのも１つの方法ですが、どうしても建築費が高くなります。

大手ハウスメーカーは、資材の大量発注、大量生産でコストダウンしている部分もありますが、展示場やテレビＣＭや豪華なパンフレット、高額な人件費などでどうしても高い利益率で建築工事の契約をとらないと会社を運営できない体質にあります。

どうしてもブランドとステイタスが欲しいという大家さん以外は、実績がある地域の優良な建築会社のほうが小回りがきいて断然安く建築できてよいと思います。

２　延床面積１０００㎡以下の建物にする理由

防火設備の違い

２階建で、30戸のプランにすると、ぎりぎり延床面積が１０００㎡以下になります。実はこれがポイントで、延床面積１０００㎡超と以下では防火設備の費用が全然違ってきます。できれば延床面積は１０００㎡以下に抑えたいものです。

30戸でも３階建ですと、廊下や階段、お風呂やトイレの数が増えてきますので、どうしても１０００㎡は超えてくるでしょう。しかし、これは敷地が小さければ仕方がありません。

また、２階建でもデイサービスなどの施設の併設型も当然施設の面積が加わるので、１０００㎡では収まりません。どうしても１０００㎡以下にする場合は、戸数を減らして併設の施設を合せて１０００㎡以下にするしかありません。

しかし、実際に運営する介護事業者の事業計画にも関係しますので、あまり強く要望することもできないでしょう。

延床面積１０００㎡超と以下では、一体どれくらい建築コストが違ってくるかというと、１０００㎡以下であればスプリンクラーも簡易的なスプリンクラーでいいので30戸程度であれば、３５０万円〜４００万円程度で済みます。しかし、１０００㎡を超えてきますと、簡易スプリンクラーではなく、消防法上の正式なスプリンクラーの設置が必要になりますので、約３倍の

１０００万円～１２００万円くらいの予算をみておいたほうが無難です。

もちろん建築業者によって多少の価格の違いはありますが、差引６００万円以上は変わってきてしまいます。これが１０００㎡以下にしたほうがよい理由です。

しかし、誤解のないように念を押しておきます。病院などの場合40戸くらいの規模にして欲しいという要望も多いです。また、先ほど書いたように、30戸でもデイサービスやクリニック等の併設型のプランにしたいとか、都市部で２００坪も３００坪も土地がなく、３階建以上にしなければならない場合も多々あることでしょう。その場合は、あまり１０００㎡にこだわらずに介護事業者の要望に沿うことが重要です。

介護事業者との打合せをしっかり行う

いくらローコストといっても、高齢者や介護事業者にとって住みやすい、あるいは介護しやすい建物にしなければいけません。

バリアフリーやエレベーターなど基本的は設備は同じとしても、介護のコンセプトや入居者の介護度の中心をどのくらいに設定しているかによって少しずつ細かいところでお風呂の数やトイレの壁、洗濯機の数、エレベーターの仕様等は変わってきます。

また、戸数や併設の施設、食事の提供の方法なども設計に影響するところですので、早めの段階からよく意見を聞いておくことが重要です。

そうすることによって不要な設備も省くことができます。

3　ターゲットは明確に

低料金・中介護をターゲットにすると成功する

一般的な高齢者専用住宅のイメージは、まだ健康な人をターゲットにした高級型と思っている方が多いと思います。この市場は、もともと入れる方は一部の富裕層で人口的にも少ないですし、既に市場には多く建築されており既に飽和状態にあります。高齢者向けの住宅で空きが多いのは主にこのタイプです。

今後狙うマーケットは、低料金である程度介護を必要としている人（中介護）をターゲットにしましょう。

狙う市場は国の政策とマッチさせせよう

③で補助金の話をしましたが、今政府が補助金を出してまで供給したいのは特養に入りたいが入れない待機者42万人の人のための住宅です。これらの方々の属性をおさらいしてみたいと思います。

これらの人は、もう既に要介護の状態にあり直ぐにでも施設なり高齢者住宅に入りたいと思っている人達です。あとは、介護度が2～3程度でも自宅では介護しきれない、かつ、要介護度が4～5ではないので、しばらく待たないと特養には入れない人。そして、所得的には一般的な人達で高額な有料老人ホームへは入れない人達です。

【図表58　広義の高齢者住宅の分類とサ高住のターゲット層】

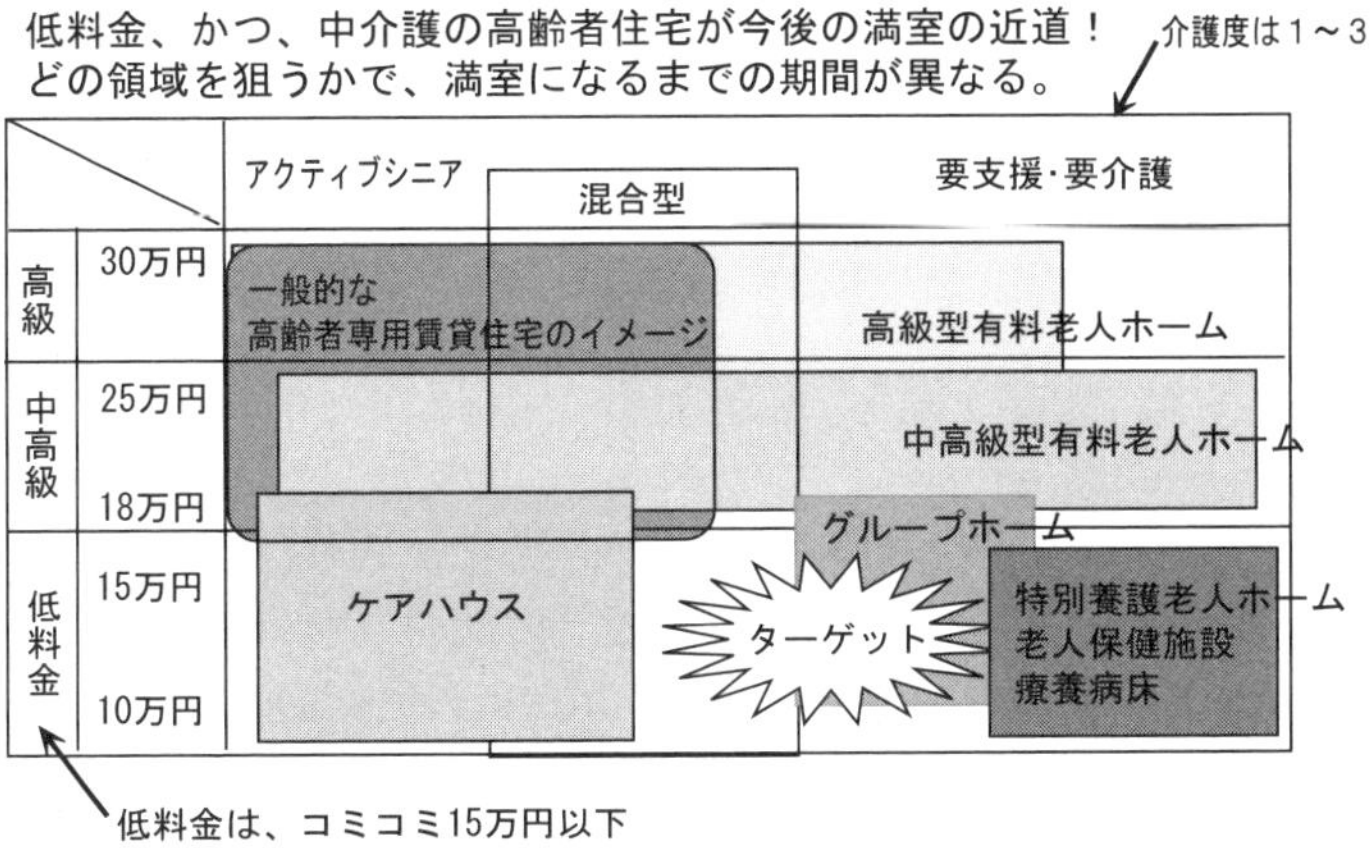

低料金、かつ、中介護の高齢者住宅が今後の満室の近道！
どの領域を狙うかで、満室になるまでの期間が異なる。

低料金、中介護をターゲットにしたサ高住が成功する！

経済的に余裕のある人はもっと高級な有料老人ホームでもいいわけですし、自立している人は、どうしても今直ぐ施設や高齢者住宅に入らなければいけないというわけではありませんので42万人の中には入っていません。

実際のところ介護事業者は、入居希望しても要介護の状態になっていないと、やんわり入居を断っています。なぜなら、介護事業者の収入源は介護保険ですから介護保険の利用できない人ばかりを入居させても事業を継続することができないからです。

そうなると、自ずと42万人の人達は、ちょうど図表58の「ターゲット」のところになります。
トータル的な入居費用でいうと、家賃、管理費（共益費）食事、サービス料で10万円～12万円台の層になります。

ここを外すと成功は難しいと言っても過言ではありません。ここは非常に重要ですので外さないでいただききたいポイントです。

4　運営会社による違い

大手の介護事業者

皆さんがよく知っているような大手の介護事業者は、大型の高齢者住宅が多く、大手ハウスメーカーと一緒に組んで開発をしているケースが多いです。戸数では40～50戸くらいの規模が多いので投資金額も大きくなります。また、社内にも高齢者住宅の開発の担当をおいている場合がほとんどです。

そして、大手の介護事業者の場合、介護保険の収入だけではなく、家賃でも利幅をとるため、大家さんへの借上げ家賃も低めに設定している場合が多いのが現状です。

比較的建築費の高い大手ハウスメーカーと比較的借上げ家賃が低い大手介護事業者との組合せですと、大手というブランドの安心感はあるかもしれませんが、大家さんの収益率は低くなる可能性が高いでしょう。

中規模・小規模の介護事業者

中規模～小規模の介護事業者の場合、戸数的には20戸～30戸の要望が多いです。打合せをしていてもこだわりのある部分はだめですが、そうではないところは柔軟に対応してくれます。

実際は介護事業者の数は中小の介護事業者が非常に多いのですが、小さいから駄目というわけではありません。しっかりと利益を出して地元で信頼の厚い介護事業者さんも多くあります。介護事業者さんごとに特色がありますので実際に会ってどんな介護をしているかよく聞いてみましょう。

この介護事業者なら世話になってもいいなとか、親を預けてもいいなと思えば合格だと思います。

医療法人系の介護事業者

医療法人系の介護事業者は、地主さんにはとても信頼感があり人気があります。そのため、話はどちらかというとスムーズに進みます。「病院が借りてくれるなら安心」という気持ちが地主さんの中にあるのでしょう。

大家さんへの借上げ賃料も中小の他の介護事業者と比べると少し高めの傾向にあります。また規模も医療法人系の場合は、中小の介護事業者より戸数が多い要望が多い印象があります。

それは、自分の病院の患者さんを入れることもできるし、大きいほうが人件費的にも効率がいいと考えているからです。

また、訪問医療を効率的に行いたいという考えがあるからでしょう。

実際に、私が名古屋で要望をきいた病院は40戸を希望していました。そして、月に2回ドクターに往診に行ってもらいたいということでした。その経営戦略上、病院からのアクセスがよい場所に建築したいと考えているようです。

どの介護事業者がよいか悪いかというわけではなく、介護事業者も経営計画上、出店時期の希望があります。大家さんも着工できる時期があります。お互いのタイミングが一番大事だと思います。

5　成功のポイントのまとめ（成功のコツ・ポイント）

成功のポイント１

成功のポイントは、何度もいいますが、建築コストを抑えることです。

そのためには、入居者や介護事業者にとって必要な設備は完備して、華美なデザインを避けることです。

そして、なるべくなら２階建の木造で30戸にして、延床面積１０００㎡以下のプランにすることが大家さんサイドからみると一番収益率が高いプランになります。市場の家賃から考えて建築コストを計算することが重要になりなす。

成功のポイント２

家賃は、実際は介護事業者さんが決めるものですが、大家さんからの借上げ賃料から逆算して入居者に賃貸しますのであまり無理をいわないことです。

借上げ家賃が高ければ、大家さんの収益は多くなります。

それは、大家さんにとってはうれしいことではありますが、これがあまりにも市場とかけ離れると結局は入居者の入りが悪く、介護事業者が撤退しかねません。そうなっては元も子もありませんので注意が必要です。

コラム：消費税の還付の可能性

　建物を建築すると多くの消費税を支払います。２億円の建物であれば、５％の1,000万円が消費税です。この消費税の還付を受ける方法があります。1,000万円も税金が戻ってきたらうれしいですね。

　しかし、多くの人が、平成22年４月の税制改正で還付を諦めてしまいました。確かに、以前よりかなり還付できる人が減りました。

　今後還付できるのは、新設法人の場合では、１年１か月以降の新築、あるいは中古の賃貸住宅取得です。個人では２年後の完成の新築、あるいは中古の賃貸住宅取得になります。両方とも還付できるのは１棟目のみになります。店舗や事務所などの収益物件の完成時期や取得時期はいつでも構いません。平成22年以前設立の法人であれば、１年待たずに新築や中古物件の購入をしても還付が可能です。

　この消費税還付は、非常に複雑です。このスキームを知らない税理士もいれば、知っていても自信がなく還付の申立をしてくれない税理士や平成23年の改正以降はできないと思っている税理士もいます。

　「サ高住」の場合は金額も大きいですし、完成まで時間が結構ありますので検討する価値は十分にあります。計画の前から準備し、依頼する際は、消費税還付の実績のある税理士にお願いしましょう。

成功のポイント３

　よい介護事業者と建築会社とパーナーシップを組むことです。建築会社は建築実績があり、コストも気にしてプランニングをしてくれる会社、そしてよい介護事業者を紹介してくれる会社とお付き合いしたいものです。

　そして、介護事業者は建築会社選びよりもっと重要です。20年以上実際に借り上げてもらうわけですから介護事業者選びは最も重要です。よい介護事業者とパートナーシップを組みましょう。これは次章で詳しく書くことにします。

成功のポイント４

　補助金は必ず利用するようにしましょう。建築費の10％の補助金は非常に大きいお金です。どうしても介護事業者のオープンの予定と建築スケジュールが合わない場合や予算が終わってしまった場合は仕方ないですが、そうならないためにも国交省から出る補助金のスケジュールに関する情報は常にチェックして余裕を持って計画してください。

また、逆にギリギリでも間に合いそうな場合には、他のことは少しおいて置いて、建築会社や介護事業者との打合せに集中し話を早く詰めることも重要になってきます。

特に平成23年度は、補助金の申請は随時申込みで8か月間もあります。可能性があれば、建築会社と介護事業者と共に頑張って補助金申請をしましょう。補助金をもらわないと受けられない税制優遇措置もあるので建築費の１０％以上の収益減があることを忘れないでください。

第7章のまとめ

最高収益モデルをまとめると、木造2階建、30戸、延床面積１０００㎡以下で過度な建築費の投資をしないことです。そして、ターゲットは、低料金・中介護度に絞ることです。

豪華な住宅をつくり、建築コストを多大にかける→それを回収しようと高めの家賃をつける→実はそんなに高額の家賃を払える人は少ない→空室が続く→介護事業者が撤退、もしくは倒産高齢者住宅で失敗するパターンの多くはこのパターンです。

皆さんはこのようにならないように注意してください。

⑧ 実際の収入モデルと成功のポイントは

1　これからの高齢者向け住宅のオススメの業態

差別化には複合型

今後のサ高住は、複合施設併設が増えてくると思います。現状でも、介護事業者にとっては併設モデルを要望するところも少なくありません。デイサービスなどの複合施設を併設することにより入居者がそのサービスを受けやすくなります。デイサービスの施設はもう飽和状態で淘汰が始まっていますが、隣にあるということで介護事業者としてもサービスを利用してもらいやすくなります。

また、近隣にデイサービスの利用者が増えれば、今は自宅だけれど、将来的にはその方たちが要介護度が高くなり、そのサ高住に入ってくれるかもしれませんので、将来的な見込み入居者の確保につながります。

そうなると事業の流れとしてはいい流れができるわけです。しかし、運営する介護事業者が近隣にそういう施設をすでに運営していれば、併設は不要ということになります。これらは介護事業者の経営スタイルによって変わってきます。

投資資金は早期回収

どの賃貸住宅でも投資資金は早期に回収するのが鉄則です。それには、「賃料は高く」、「建築コストは安く」です。

家賃は介護事業者との交渉になりますが、相場がありますので、あまりコントロールできません。建築費は、介護事業者と建築会社との打合せで仕様などは決めることができます。

まず構造的に一番安くできるのは木造です。ですから、土地が比較的大きければ2階建にして木造にするべきです。

確かに、鉄骨造やＲＣ造は見た目もガッシリしていて、タイルを貼ったりすれば豪華にみえます。そのため、大家さんは同士との見栄の張り合い競争で、「おれはあいつより立派な建物をつくるんだ！」という方がいますが、冷静に考えなければいけません。

土地活用や賃貸住宅経営は手段であって目的ではありません。そこから、得られる収益で固定資産税を支払ったり、相続税の納税資金に使ったり、人によっては子どもや孫にお小遣いをあげたりするのが目的です。目的と手段を間違えて見栄を張りすぎると、収益性が落ちてしまい、行き過ぎれば失敗します。

ですから、あまり過剰な投資をしないことが重要です。

ただし、３階建以上であれば、鉄骨造や鉄筋コンクリート造（ＲＣ造）のほうがいいでしょう。理由としては、木造でも３階建の建築ができないことはないのですが、まだ規制が多く、コスト的には、他の構造と変わらなくなってしまいます。

それならば、仕様的にもすっきりしますので、３階建以上ならば鉄骨造かＲＣ造がベターです。

2　最重要事項は後悔しないパートナーの選び方（介護事業者の選び方とチェックポイント）

自分の目で現場を見ることが重要

自分の目で実際の介護の現場を見せてもらうことが非常に重要です。介護スタッフの様子や入居されている高齢者の様子をみせてもらいましょう。自信がある介護事業者は絶対に現場見学を断りません。

もちろん、次にあげる項目のチェックは必要ですが、自分が現場で感じる空気感とでもいうか雰囲気はとても大事だと思います。実際に入居される方の家族が現場を見に来て自分の親を入れるかどうかを判断している場合がほとんどです。

ですから、自分の親を入れてもいいと思わないと、他の人からみてもそう思っているといえるでしょう。そうなると、やはり入居率は低くなります。入居率が悪いと業績は上がりませんので一括借上げといっても不安になってしまいます。

よい介護事業者のチェックポイント

図表59に具体的なチェック項目をあげておきます。

これらに、すべて当てはまっていれば合格です。自分の感覚とチェックリストを使って介護事業者をチェックしてみてください。

【図表59　よい介護事業者のチェックポイント】

□銀行チェックにより、安全な運営会社としての条件をクリアしている。
□初期投資で3,000万円用意できる（借入でもＯＫ）。
□複数の介護事業を展開している（訪問・居宅・デイサービス・グループホーム他）。
□商圏内で上位20％以上の規模である。
□高齢者住宅の運営実績がある（24時間介護サービスの実績がある）。
□行政や同業者からの評判に問題がない。
□経営者の人柄に問題がない（明るい・プラス発想）。
□福祉発想≦ビジネス発想（経営者の事業意欲がうかがえる）。
□専門職および女性を戦力化している（＝強いリーダーシップがある）。
□キャッシュフロー経営ができている。
□入居者集めの専属の営業担当を雇用している。
□リスクマネジメントができる（危機管理能力が高い）。
□離職率が15％以下である（＝よい会社の職員は辞めない）。

まず、借入れも含めて３０００万円用意できない介護事業者は、最初からパートナーとしてはふさわしくありません。なぜなら1か所の高齢者住宅を開設するのに３０００万円程度は運転資金で必要になるからです。

そして、大家さんの建築費の融資を受ける銀行も、介護事業者の決算書の提出を求めることがほとんどです。銀行は中期的な経営状況をみますので、直近3年間分（3期分）の決算書の提出が必要になります。

もちろん黒字経営が前提です。例え3年のうち1期目が赤字でも徐々に売上が上昇し、黒字転換していることが必要でしょう。

決算内容が悪いと、折角の計画も実行できません。なぜなら大家さんの借上げ家賃は、介護事業者の経営力にかかっているからです。事業者選びは、サ高住の成功の最重要ポイントです。

3　こんな地域なら成功する（建築エリアのマーケティグ方法）

高齢者住宅を建ててはいけない場所

高齢者住宅や高齢者施設は、実は地域によってすでに過剰な地域と不足している地域があります。県別のデータでみてみるとよくわかります。過疎化している地域、限界集落等の営業では、難しいといえます。

それから、すでに特別養護老人ホームなどの施設が十分整っていて、民間の入る余地がない地域などは避けたほうがよい地域となります。

基本的には都市部ほど高齢化人口の増加が激しいので、都市部のほうが基本的に需要が高いといわれています。

調査が必要な内容

高齢者住宅の商圏は地域密着ですので市区単位です。商圏人口が最低5万人以上あれば、建築してもよいエリアになります。たた、普通の賃貸住宅と違って調べる内容は少し多くなります。

調査が必要な内容は、図表60のとおりです。

専門の調査会社を使って調査すると費用がかかりますので、支出を少なくしたいと思えば、自分で調べることをおすすめします。自分で調べる方法は、①はホームページや賃貸雑誌の活用です。

②～③、⑪は役所で調査可能です。

市町村によって呼び方が違いますが、住民課や福祉課で調べることが可能です。聞きたい担当部署がわからない場合は役所の総合受付で聞けば親切に教えてくれます。人口は最近では自治体のホームページでも掲載しているところが多々ありますので一度チェックしてみてください。⑥～⑩は施設や高齢者住宅のホームページや直接電話によりヒアリングをします。

競合先などは大家さんが自分で調べる必要はなく、借上げする介護事業者の仕事ですが、心配な場合は自分で調べてみることをお勧めします。

ちなみに全国の平均高齢化率は、平成22年度で22・7％、要介護認定率は16・5％です。この数字だけで判断してはいけませんが、自分の地域が全国平均より高いか低いかの目安にしてください。

また、国立社会保障・人口問題研究所という機関があり、そこのホームページでは市区町村別に将来の人口の推計ができるとても便利なシステムを無料で提供しています。一度自分の町の人口動態が将来どうなるのか推計で出してみると投資の参考になると思います。

【図表60　調査が必要な内容】

①周辺の賃貸住宅の家賃相場
②人口
③高齢者数
④要介護認定者数
⑤②～③をもとに高齢者率、要介護率を計算
⑥競合先の高齢者住宅
⑦競合先の利用料金
⑧競合先の入居状況
⑨競合先が満室の場合は待機者数
⑩公的の施設（特養）などの待機状況
⑪公的施設の今後の供給計画

4　大きな声ではいえない収支の内容（収支モデル）

収支の内容

大家さんが一番気になる収支の内容です。図表61は、1棟30戸の場合での収支例です。

建築費は、地盤改良、消費税まで入れて1億７０００万円。諸経費の１０００万円とは、車を買うときの諸費用と同じで、登記費用や水道の市納金、水道加入金、印紙代、火災保険料、その他には工事中の金利や銀行のローン手数料などが含まれます。ですから、総投資額は1億８０００万円になります。借入れの前提条件として、自己資金は３０００万円で設定していますが、補助金を含めても結構です。

その場合の注意点として、補助金は工事が終わってから支払われるので、工事代金の支払いのために一時的には自己資金を用意する必要があります。当面立て替える自己資金がない場合は、補助金分も借り入れることが必要になってきます。1億８０００万円から自己資金の３０００万円を引いた残りの1億５０００万円を借入します。返済期間は25年で金利は2％で計算しています。

そうすると、返済金の年額は元金と利息を含めて約７６３万円になります。修繕積立とは、将来10年後から15年後に必要になってくる外壁の塗装工事費用等ために積み立てておくお金です。今すぐ支出として出ていくわけではありませんが、将来の必要経費なので支出に計上してあります。固定資産税は、建物と土地共に減税後の金額です。土地の価格は路線価で10万円前後のところで想定

【図表61　収支の内容】

・建築費：１億7,000万円
（本体工事、付帯工事、設計費、造成・外構工事、地盤改良費、消費税を含む）
・諸経費：1,000万円（各登記費用、水道加入金、水道工事費、印紙代、火災保険等）
・総投資額：１億8,000万円
・借上家賃：１戸＝45,000円、月額＝135万円、年間賃料＝1,620万円
・自己資金：3,000万円
・借入金額：１億5,000万円
・借入条件：金利２％、返済期間25年

【収入】
・年額：1,620万円
・収入合計：1,620万円

【支出】
・借入返済年額：763万円
・修繕積立：75万円
・固定資産税等：建物＝約50万円（１／３に減税後）
土地：約20万円
・支出合計：908万円

■収入—支出＝712万円

▼建築費に対する表面利回り
1,620万円÷１億7,000万円＝9.5％

▼補助金を加味した表面利回り
1,620万円÷（１億7,000万円－1,700万円）＝10.6％

しています。これらの支出を合計すると約９０８万円になります。

　年間の借上家賃収入は、１６２０万円ですので、ここから９０８万円を引くと、税引前の手残り（キャッシュフロー）は７１２万円になります。この結果、表面利回りは９・５％、補助金も加味した表面利回りは10・６％になります。

　いかがでしょうか。これは、ほんの一例であり、建築費や借上げ家賃等により変動します。

　しかし、新築で駅から遠い1等地ではない土地で、さらに空室率をみなくてもよい借上げ家賃でこれくらいの利回りであれば大家さんとしては満足できる収益だといえるでしょう。

5　利回り10%といってもバカにしてはいけない

賃貸住宅との収益比較

利回り10%というと、「そんなに大したことないな…」と思う方もいるでしょう。しかし、この10%は通常の賃貸住宅の利回り10%とはわけが違います。実は最終的に手元に残るお金は同じ表面利回り10%でもサ高住のほうが多いのです。

それは、サ高住のほうは、管理費も必要ないし、空室損料を計算にいれなくてもいいのです。さらに、共益費もいらないですし、原状回復費の負担もありません。実際に前項と同じ条件で試算してみます（図表62参照）。

賃貸住宅の場合もわかりやすく、同じ1億7000万円の建築費と諸費用1000万円の合計1億8000万円の総投資額で計算します。今回は借上げではなく、一般的な不動産管理会社で管理をしてもらった前提で計算しています。

家賃設定は、高齢者住宅と同じです。同じでも計上している家賃額は5万円です。計算の仕方としては、通常の借上げの家賃は相場の90%で計算しているので、実際の募集家賃の計算は、4万5000円÷90%＝5万円になります。そして、こちらは、共益費ももらえますので1戸あたり3000円で計算しています。

支出としては、今回は一括借上げではないので、退居時には空室が発生しますから、空室損料を

⑧　実際の収入モデルと成功のポイントは

【図表62　賃貸住宅との収益比較】

・建築費：１億7,000万円

（本体工事、付帯工事、設計費、造成・外構工事、地盤改良費、消費税を含む）

・諸経費：1,000万円（各登記費用、水道加入金、水道工事費、印紙代、火災保険等）

・総投資額：１億8,000万円

・募集家賃：１戸＝53,000円（共益費込み。3,000円として計算）、月額＝159万円、年間賃料＝1,908万円

・自己資金：3,000万円

・借入金額：１億5,000万円

・借入条件：金利２％、返済期間25年

【収入】

・年額：1,908万円

・収入合計：1,908万円

【支出】

・空室損料：191万円（1,908万円×10%。空室率10%として計算）

・管理費：86万円（1,908万円×90%の５%）

・維持費：108万円（3,000万円×30戸×12か月）

・借入返済年額：763万円

・修繕積立：75万円（高齢者住宅の80%）

・固定資産税等：建物＝約153万円

土地：約20万円

・支出合計：1,396万円

■手取金額　収入—支出＝512万円

▼建築費に対する表面利回り

1,908万円÷１億7,000万円＝11.22%

▼ネット利回り（最終手残り利回り）

512万円÷１億7,000万円＝3.01%…Ａ

●サ高住の場合のネット利回り（補助金利用なし）

712万円（15頁参照）÷１億7000万円＝4.19%…Ｂ

●高齢者住宅の場合のネット利回り（補助金利用した場合）

798万円（155頁参照）÷〔１億7000万円－1700万円（補助金）〕＝5.22%…Ｃ

【補足説明】

※家賃は、借上家賃は通常市場の家賃の90%で見ていますので、45,000円を90%で割り戻して50,000円で計算。

※通常の賃貸住宅の場合、共益費ももらいますので3,000円で設定。

※支出には、空室損料10%、管理費５%、維持費は共益費と同額を計上。

※単身用の場合、固定資産税の減税はないので、減税なしの金額を計上。

計上します。管理費は不動産管理会社にお願いするとして家賃の５％（ただし、空室時は管理費が発生しない契約が多いので空室損料は除くので90％を掛けてあります）をみています。それから、共用の電気や水道、清掃、設備の維持費を入居者からもらう共益費と同額を計上します。

借入れの条件、修繕積立は、前項と同じにしてあります。固定資産税は面積によって減税があるのですが、共同住宅の場合、35㎡以上でないと減税対象ではないので、土地だけを減税した金額としました。

結果的には表面利回りは、11・5％と高いのですが、ネット利回り（建築費に対する手残り）は、AとBを比較しても１％以上の差があり、金額でも年額で約２００万円もの差ができてしまいます。さらに補助金を利用した場合は、AとCを比較してみますと、２％以上の差がついてしまいます。この通常の賃貸住宅の利回り計算には、将来発生する原状回復工事で大家さんが入居者から回収できずに自分で行う工事費は含まれていませんので、もう少しネット利回りは落ちる可能性があります。

仮に、補助金分をもらえることを見越して、最初から借入金を少なくした場合は、年間の返済金額が86万円少なくなりますので、

７１２万円＋８６万円＝７９８万円の手取金額

７９８万円÷〔１億７０００万円－１７００万円（補助金）〕＝５・22％

にまで上昇し、金額では、２８６万円もの差がつくことになります。

このように、表面利回りは平凡な数字でも、実際の手元に残る金額には雲泥の差がつきますので、通常の賃貸住宅より有利な土地活用といえるでしょう。

6　サ高住でやってはいけないこと（高齢者住宅の注意点）

建築実績のない会社の選択には注意

建築の事例が少なく、馴染みのない設備が多いので建築単価がまちまちです。標準的な単価がこなれていないのが現状です。実績や介護事業者とのネットワークのない建築会社を選ぶと大変です。建築のプランはある程度できると思いますが、介護事業者を見つけることができない可能性があるからです。また、経験がない建築会社だと高齢者住宅特有の設備の見積りに不慣れで安全をみるため建築費が高くなりがちです。また、介護事業者との仕様の打合せにより仕様変更が頻繁におきて予算オーバーになってしまうことも考えれます。

この事業は、介護事業者と建築業者、大家さん、入居者さんというように関係者が多いのも特徴です。そして、すべてに精通している人も少ないのが実状です。ですから、建築のパートナーはすべてに精通していてそれらのネットワークを動かせる力量のある建築会社を選ぶべきです。

変化の早い時代には減価償却の遅いものは不向き

現在はとてもスピードの速い時代です。これはインターネットの普及で情報が早く伝わるようになったことも関係しているでしょう。ＩＴ関連の進歩は日進月歩でドックイヤーともいわれ、開発のスピードが速く目を見張るものがあります。

【図表63　よい建築会社をパートナーに選ぶこと】

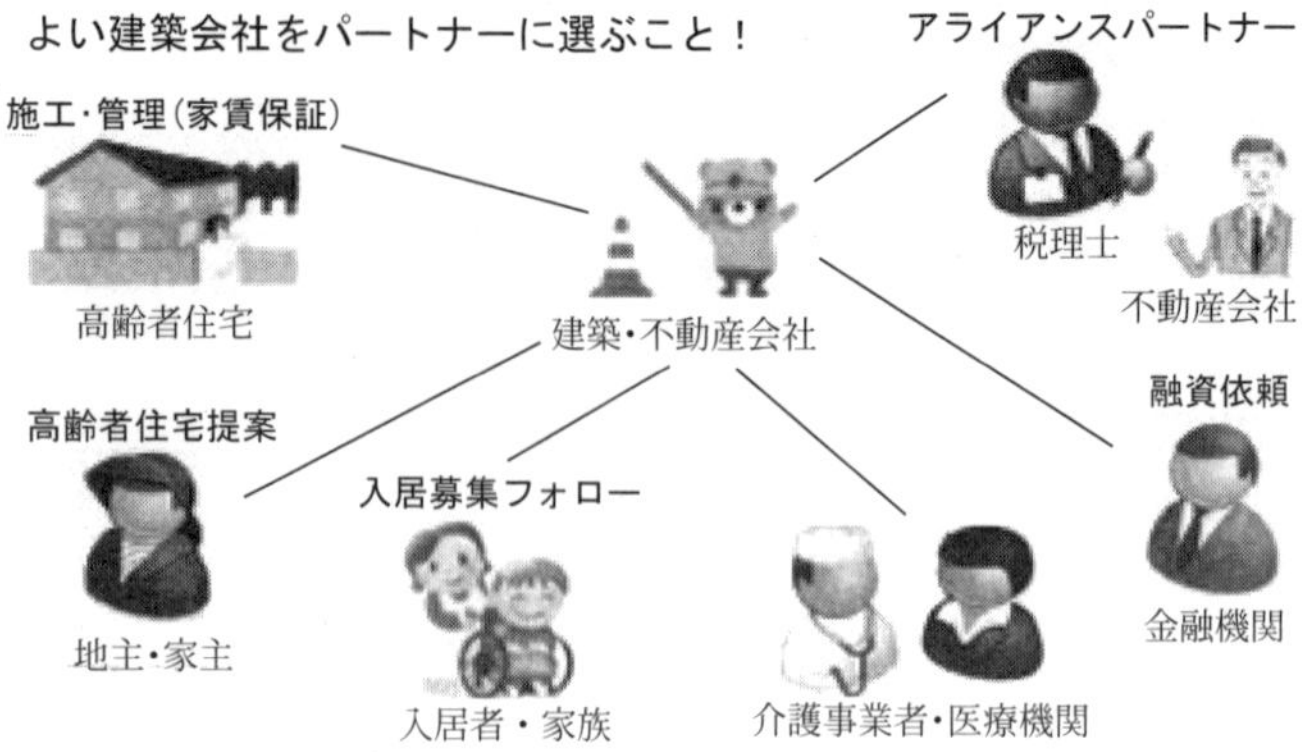

【図表64　建物の減価償却期間（構造別）】

・鉄筋コンクリート造：47年
・重量鉄筋造：34年
・木造：22年
・（設備機器）：13年～17年

折角買ったパソコンも3年後には昔のスペックになってしまいます。不動産も景況はゆっくり波及するとされていましたが、リーマンショックのときはアッという間にその波に巻き込まれました。

そういう時代では、減価償却は早いものが適しています。一部の金融機関ではまだ、減価償却が長いものがよいとの考え方もありますが、鉄筋コンクリートのように減価償却が47年もかかるものは、すべての償却が計上できる前に建替えなければならない可能性を秘めています。

どうしても3階建以上で建築しなければいけないような土地は、それは仕方がありません。同じ建築費を経費にするのなら、木造のように22年で経費にできる構造で建築したほうが所得税上も有利になります。

7　高齢者住宅を始める時期と具体的な建築ステップ

早く始めれば始めるほど有利

サ高住の建築は、早いほうがよいと考えられます。その理由をいくつかあげます（図表65参照）。

補助金は、平成21年度80億円、平成22年度１６０億円、平成23年度３２５億円です。来年度は、4月にならないとはっきりしたことはわかりません。東北地方の復興に予算が必要ですので減らされると予想する人もいます。

また、福祉の予算ですから、今年度並みか微増の３５０億円～４００億円程度に落ち着くのではないかとの見方もあります。これは政局で決まりますので、はっきりとしたことはいえません。

しかし、陣地取りゲームと同様にマーケットは決まっており、予算がなくなれば終わりです。

いざ、建築をと思ったときに、介護事業者が手を挙げてくれなければ、この事業は成立しません。

そういう意味では、少しでも早く準備し、実行に移すことが重要です。

実際の建築までのステップは、図表66のとおりです

ただし、補助金の申込みや融資の打診は、補助金の申請時期によって変わります。特に平成23年度は、補助金申請のルールの中で、補助金申請のルールの中で、建築請負契約は、補助金の採択が終わってからしかできないことになっていますので、図表66のように補助金申請の後になります。

もし、建築請負契約が補助金申請の前でも大丈夫なようにルールが変われば、順番が変わります。

【図表65　早く高齢者住宅を始める理由】

□補助金が出ている。いつなくなるかわからない。
□地域は、介護が必要な高齢者住宅を求めている。
□土地活用・相続対策で地域に喜ばれる事業は他にはない。
□地域の介護会社や医療法人も今はサービス付き高齢者向け住宅への参入への関心が高い。
□政府の目標の60万戸に達すれば、出店のスピードが急に落ちてくる。

【図表66　実際の建築までのステップ】

①介護系住宅の実績があるコンサルタント会社に相談
②土地・役所関係の調査
③仮プランニング
④介護事業者に提案
⑤介護事業者との打合せ再プランの調整
⑥建築工事見積り
⑦（仮）一括借上げ契約
⑧（仮）建築申込みまたは設計契約
⑨融資申込み
⑩補助金申請
⑪建築確認申請
⑫建築請負契約
⑬工事着工、完成、正式借上げ契約

※ただし、補助金の申込みや融資の打診は、補助金の申請時期によります。建築請負契約は平成23年度は補助金の決定後になります。また、建築会社によっても多少進め方が違う場合もありますので、ご相談される建築会社やコンサルタント会社に確認してみましょう。

⑧番か⑨番のこの順番のほうが一般的な順番になります。

⑦番や⑧番で仮とあるのは、仮契約という意味です。なぜ仮契約かというと、融資や補助金、建築確認申請などで建物の完成時期が変わってくる場合があるからです。また、大家さんも工事開始前に書面で意思表示をしてもらわないと不安になりますので仮契約をします。そして、介護事業者さんと大家さんの一括借上げの本契約は建物が完成する間際で行います。

これらは一般的な流れを述べましたが、建築会社によっても多少すすめ方が違う場合もありますので確認してみましょう。

⑨ サービス付き高齢者向け住宅の管理運営ポイント

1　家賃設定はこうしなさい

トータルでいくらになるか

入居費の総額については、大家さんが決めることはできません。しかし、どのような料金体系にするのかの確認が必要です。

図表67のように、入居者の負担する費用は、Ａ家賃、Ｂ管理費（水光熱費、共益費）、Ｃ食費、Ｄサービス料（生活サポートサービス料）です。

あとは、介護保険の１割の負担と小遣い、病気であれば医療費の自己負担分です。入居者はＡ～Ｄの合計でどこの高齢者住宅に入るかを検討します。

今後のマーケットでは、Ａ～Ｄを足して12万円前後のところを狙うのがベストではないかと思っています。そして、介護保険や小遣いなどを合わせてもコミコミで15万円以下にすることが差別化になります。ですから、あまり高い家賃設定をするわけにはいきません。

家賃設定の仕方

介護事業者や建築会社は、家賃を決める際は、地域の家賃相場、地域の所得、競合の高齢者住宅のトータルの料金設定を見て決めます。食費は３万円台後半～４万５０００円くらいでそれより低くすることは至難の業です。

【図表67　地域における高齢者住宅の需給バランスと料金設定をチェック】

入居金	150,000円	→①敷金として徴収
A家賃	50,000円	→一部家賃保証分をオーナーへ
B管理費（共益費）	28,000円	→①水･光熱費、②修繕費、③24時間常駐人件費
C食費	37,800円	→給食会社へ
介護保険料（利用者負担1割）	17,800円	→介護事業者へ（介護事業者の収入は、17.8万円/人）
Dその他雑費	10,000円	→①生活サポート費、②その他雑費（おこづかい）
合計	143,600円	→総額費用（入居者･家族･ケアマネージャがチェック）

・競合調査により、商圏内の料金設定をチェック！
・建築コストを抑えることで、入居料金（家族負担）を軽減させる。
・1か月の総額費用（コミコミ）は、15万円以下に設定する。

出所：船井総研

ですから、家賃と共益費とサービス料で調整をして価格設定をします。

家賃の10倍～12倍が建築坪単価

仮に家賃は5万円であれば、建築坪単価は50万円～60万円で建築しなければいけません。4万円であれば、40万円～48万円になります。そうしないと、大家さんに9％～10％の利回りが残らなくなります。このように家賃から逆算して建築費を決めることは重要になってきます。

しかし、建築坪単価を下げるのも限界がありますので、極端に安い家賃の地域は、この目安があてはまらないケースも出てきます。

また、逆にもっと家賃が高い地域では、10％ではなく12％以上の利回りが出る地域も当然存在します。

2　今後成功する入居者ターゲット層とは

今後成功する入居者ターゲット

今後成功するターゲットは、要介護1～3の高齢者です。平均介護度でいうと2・5～2・7くらいになるのが安定的といえます。要介護4～5の人たちを多く入居させると確かに介護事業者の介護報酬は多くなります。しかし、要介護度が高い人ばかりを入居させると入院を繰り返したりします。

そうなると、家賃は入ってきますが、介護保険の売上はゼロになります。そして入院が長くなる見込みだと、入院費と高齢者住宅の家賃の両方を払っていくのが大変になり、いったん解約して出て行ってしまい空室ができるケースもあります。

それから、痴呆を受け入れていない場合はグループホームに転居されるケースが出てくるでしょうし、特別養護老人ホームに入居の申込みをしていてそちらが空いたのでということで、転居される場合も考えられます。

また、当然ながら要介護度が高いとお亡くなりになる人も増えます。

高齢者住宅の退居率は

統計がないので、介護事業者さんとの話の中での私の感覚になりますが、高齢者住宅の退居率はおおむね、要介護度が平均で2・5〜2・7くらいで25％前後です。1年で4人に1人が退居する計算です。これは一般の賃貸住宅でいうファミリータイプとほぼ同じくらいです。

介護事業者によって多少違いがありますが、退居率がひくいところですと15％前後というところもあります。15％であれば30戸の高齢者住宅でも1年に4〜5人ですから安定感があります。

これが、介護度4や5の人が増えると退居率が上がります。最大で50％くらいまでは上がるといわれています。そうなると平均入居期間は2年です。これは、普通の賃貸住宅でいう単身用と同じくらいの退居率です。

退居待ちでも即入居というわけにはいかない

退居すると次に入居者を入れなければいけませんが、人気があり、退居待ちのある高齢者住宅でも1か月くらいは掛かります。仮に退居が決まったとします。そうすると介護事業者は退居待ちの人に連絡をいれます。

そうすると、流石に、それでは、明日から入りますというわけにはいかないのです。「では息子ともう一度話してみます」とか「最終的にもう一度詳しく話を聞かせてください」となります。

息子さんが、遠方でサラリーマンですと、直ぐに話をするわけにもいきません。「東京の息子に確認しなければいけないのでちょっとお時間をください」ということになります。

申込みをしてしばらく時間がたっているので、もう一度しっかり介護の話を聞いて、家族で会議をして決定します。そして契約をして、身支度をして、引越しの準備をして…などといっていると、あっという間に1か月が過ぎてしまいます。待機者がいなければ、1か月以上空いてしまうことは必至です。

介護度が高いといいことばかりではない

介護度が高いと、それなりに介護が必要になりますので、看護士を増やすなどのスタッフの人員体制もより充実させる必要が出てきます。そうなると人件費もかさんできます。

介護度が1や2の入居者の場合、確かに介護収入は少ないかもしれませんが、3、4、5と段々と介護度が上がっていき、5年、6年を入居してくれる場合も珍しくありません。こちらのほうがひょっとしたら経営的には安定しているかもしれません。

これらは、介護事業者の経営方針と密接に関係しているので一概にはどのあたりの介護度の人を集めるのがいいのかということはいえません。

ただ、医療法人の経営で退居者が出ても、入院患者の中からすぐに入居できる場合は介護度が高いほうを多く入居させても特別問題にはならないでしょう。また、訪問介護や訪問看護事業をしていて入居待ちの訪問先たくさん抱えているところも比較的介護度が高くても問題ないでしょう。

これらの目標の介護度平均値は、介護事業者の経営方針と密接に関係しているので一概にはどのあたりの介護度の人を集めるのがいいのかはいえません。また、入居者さんの健康状態は日々変わりますので１００％コントロールできるものでもありません。しかし、安定的な経営ということを考えると、平均介護度を2・5～2・7くらいを標準に考えるほうがベターだと感じています。

3　施設に親を預ける家族の本音とは（高齢者とその家族のオサイフ事情）

高齢者の資産

日本の金融資産は、内閣府の「高齢者白書」や野村総合研究所の２００４年のデータによると、１４１６兆円の金融資産のうち、60歳以上の人が約54％の７７０兆円持っているといわれています。日本の高齢者は、お金持ちです。退職金がこの金融資産を押し上げています。２０１１年の日本の高齢者の65歳以上の世帯の平均貯蓄は２３０５万円です（図表68）。全世帯平均では１６３８万円ですので、全平均の１・４倍にあたります。

高齢者の収入状況

図表69のとおり、厚労省の資料によると高齢者の所得は３００万円の以下の世帯が60・９％で過半数を超えています。65歳以上の高齢者世帯所得の中央値は２４４万円です。全世帯平均が５６６・８万円ですから半分以下になるということです。収入ベースでは、高齢者の収入は、大家さんのように不動産をもっていたり、事業のオーナーでない限り、ほとんどの人達が年金だけになりますので、働いている人達に比べる当然ながら少なくなります。ちなみに、厚労省の資料によると、平成18年の高齢者世帯の年金・恩給の平均収入は２０９・４万円ですので、これを裏づけているといえるでしょう。

【図表68　65歳以上の世帯の貯蓄】

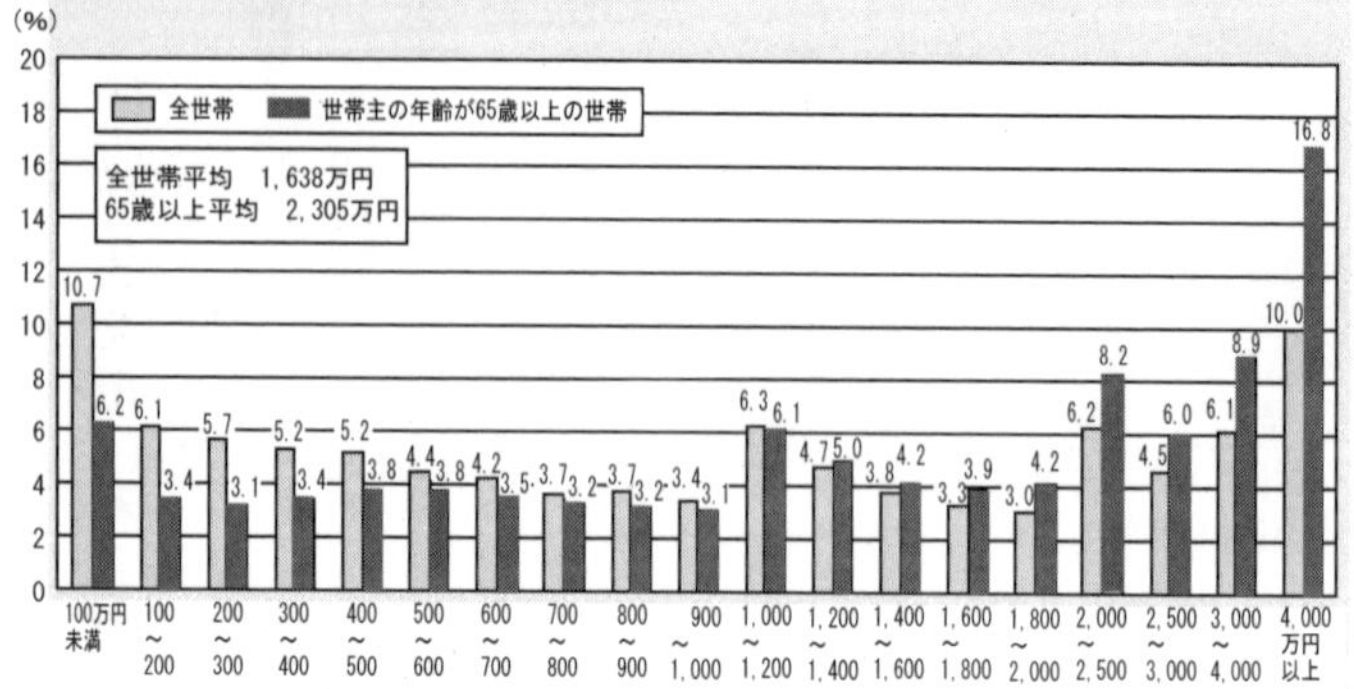

出所：総務省「家計調査」（平成23年）

【図表69　高齢者年間所得】

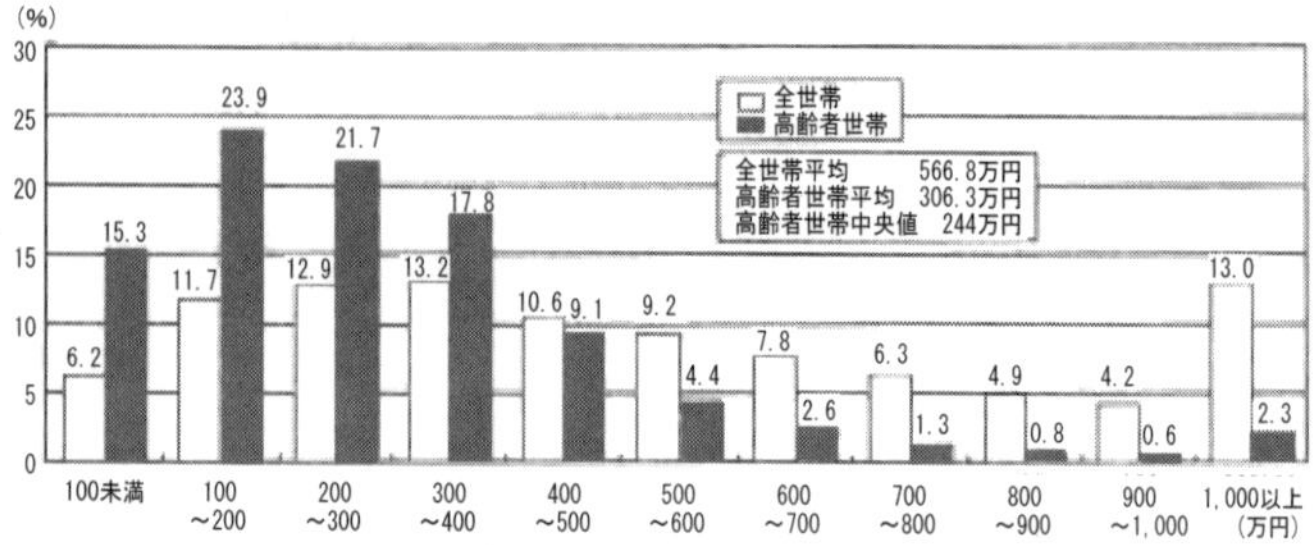

出所：厚生労働省「国民生活基礎調査」（平成19年）（同調査における平成18年１年間の所得）

先ほどの中央値の244万円を12か月で割ると1か月約20万円です。高齢者住宅に入って、仮に月15万円必要だとすると、残りは5万円です。1人ならいいですが、配偶者がいると生活は別になりますからどうみても足りません。1人だとしても、15万円のほかに持ち家の維持費や医療費も掛かりますので決して楽な金額ではありません。

お金持ちなら皆高級な高齢者住宅に入るとは限らない

実際にどの高齢者住宅

に入るかを決めるのは実は、本人ではなく、その子供達です。自立型の高級型の有料老人ホームに入れる人は人口的にはわずかです。そして、介護が必要になるとどうしても主導権は子供達に移ります。子供達の年齢は、既に50歳～60歳になっています。

日本人は本当に堅実な人種なので、図表68のように平均で２４００万円以上の金融資産があったとしてもムダ使いはしません。

嫌な言い方ですが、貯金をとりくずしてもどこまでそれがつづくかわからないという長生きするリスクに対する不安があるためです。病気になり高額な医療費が必要になったりしたときのために貯蓄をとっておこうと考えます。そうなると毎月の収入の中で賄える暮らしをしようとします。貯金が沢山あったとしても心理的にはやはり貯金を取り崩すのは気分的には不安になるようです。

もう1つの心理としては、高齢者住宅を決めるのは実際には子供達ですが、介護をして残った財産は子供たちがもらえることになります。そうなると、潜在意識的に贅沢はやめておこうということになります。面倒をみる子供達が50代でその子供達が教育費にお金が掛かる時期であれば、当然そんな気持ちにもなるでしょう。

このような理由から、資産家だから高級な高齢者住宅に入居したり、介護に大金を使うとは限らないのです。これらが、高級型の高齢者住宅が埋まらない理由です。

ですから、このような状況を踏まえて、高齢者住宅のコンセプトを決めなければいけません。そして、収入からみると、年金で暮らしていける料金設定が今後は重要になってきますので、低料金型のサ高住を建築することが成功の鍵になるでしょう。

4　入居募集に不動産業者は不要!?（入居募集の方法）

介護ネットワークからの紹介が多い

高齢者住宅の入居者の募集は、一般の賃貸住宅のそれとはちょっと違います。大家さんが不動産業者に依頼するわけではなく、ほとんどが同業者からの紹介です。どのように介護事業者が入居者を集めているのか、営業手法を列挙すると図表70のようになります。

ここに大家さんの介在することは何もありませんのでご安心ください。

このように病院や役所、ケアーマネージャー、民生委員、生活相談員を回り情報収集します。完成のとき完成見学会をしますが、そのときに来場する人は結構大勢です。1日30組～50組くらいの来場があるのも珍しくありません。

しかし、そのときには、ほとんど契約は取れません。なぜなら、見学会にこれるような人はまだ、介護を必要としていないからです。将来的な潜在入居見込客の確保や認知度アップのために行われますが、今すぐ入りたいという人は、あまり来場されないのが実情です。

そして、入居のニーズは、①低料金　②運営会社（介護の質）③医療連携の順です。

介護仲介専門会社

最近、少しずつではありますが、賃貸不動産仲介と同じように、高齢者住宅の専門の仲介業者

【図表70　介護事業者が入居者を集める営業手法】

- □専属の営業担当（相談員）よるルート営業
- □定期訪問による情報収集活動＝営業
- □基本は同業他社からの紹介
- □同業者の中でも個々の人脈がポイント！
- □紹介いただいてからが、営業・追客管理のスタート
- □「見学」「体験」に勝る営業はなし！
- □定期的はチラシ配信で認知度アップへ！
- □ホームページは、家族、ケアマネが要チェック！

【図表71　運営会社（介護）によるネットワーク紹介営業が主流】

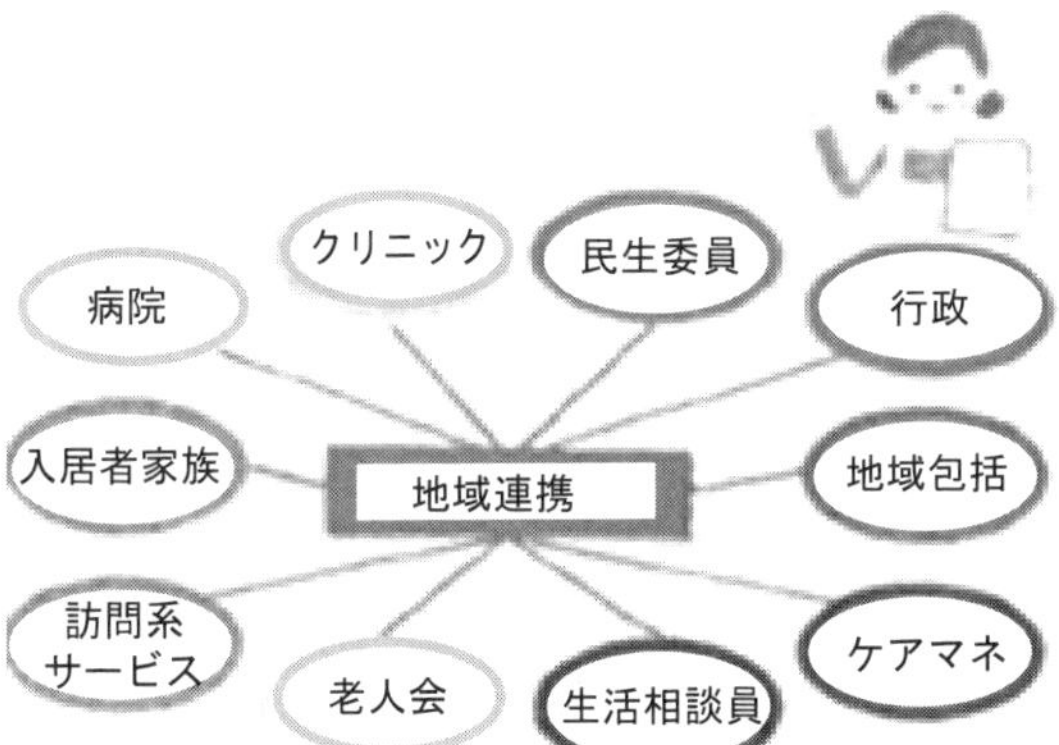

ができました。関東圏では、既に１００社ほどあると聞いています。高齢者住宅の供給のピッチが上がってきたため、ケアマネージャーも新築や空室状況の情報を把握できない地域もあるようです。このような背景から、仲介業者が病院やケアーマネージャーに施設や高齢者住宅の空き情報をもって営業に行くと、「空き状況が把握できなくて困っていました」と結構喜ばれるそうです。私の知っている介護事業者では、既に80％がこのような仲介業者による紹介というケースもあります。

　今後はこういう事業も少しずつ根付いてくるかもしれません。そして、既存の不動産業者も参入してくる可能性があります。

5　介護事業者はどうやって利益を出すのか（介護事業者の収入構造モデル）

家賃収入

介護事業者が、大家さんからサ高住を一括借上げし、入居者に転貸しますが、そこにはほとんど利益は生まれません。概ね大家さんから借り上げた賃料に10％程度の上乗せをして入居者に貸します。入居者の入替えがありますので入居率１００％にはなりません。

この10％は空室時の引当金になります。ですから、介護事業者が入居者さんからもらった賃料は、ほとんど右から左ということになります。それでは介護事業者は何で収益を確保しているのでしょうか。

介護事業者の利益

介護事業者の収益元の一番は介護保険です。これは要介護認定された人が利用した介護サービスに対し、介護保険より90％、利用者が10％の負担となっています（②の3を参照）。

例えば、要介護3の人が限度額26万７５００円まですべて介護サービスを利用したとすると、2万６７５０円が利用者の負担で、残りの24万７７５０円が介護保険より支払われます。介護事業者は、この合計が収入になります。その他に、保険適用外の、見守りサービス等の生活支援サービス提供も収入になります。それから、３万５０００～４万５０００円程度の食費にも多少の利益を加えているところもあるでしょう。

要介護3の入居者が仮に入居して、すべて介護保険を使ったとすると、家賃5万円、管理費2万円、食費4万円、サービス料1万円、介護保険料26万7500円を合計すると、38万7500円が売上になります。その中から、大家さんへの家賃支払い、食材費、光熱費、建物メンテナンス費、人件費、その他の経費を引いたものが利益となります。

介護事業の経営

介護事業者にとって一番苦労するというか最初の勝負は新規オープン時です。高齢者住宅は3か月から6か月を目処に満室にしていくといわれています。売上がなくても先にスタッフを雇用し、研修を行い受入体制を整えます。入居者が入っても介護ができない体制はいけませんから、こちらは先行投資になります。その他、大家さんへの保証金や事務機器や家具の購入費用も掛かります。住宅の規模によりますが、開業費用は運転資金を含めて約2千万円～3千万円くらいの準備が必要です。また、仮に開設後直ぐに満室になったとしても、国の介護保険からの支払いは2か月遅れて支払われますので、運転資金が必要になるのです。

前項のように1人入居者が入ると入らないでは、要介護3の人の場合、38万円もの売上が変わってきます。そういう意味では、介護事業者の経営力は、介護サービスの質と集客力にかかっているといえるでしょう。

コラム：賃貸住宅の神様はきれい好き!?

私のクライアントで、アパートの管理を自分でしている大家さんがいます。結構マメな大家さんで、自分で建物の隅々まで掃除をしたり、花壇やプランターの植物を手入れしています。

その大家さんから聞いたのです。空室ができて困ったなと思うのですが、物件のお掃除をしているときに限って不動産屋さんから「入居が決まりました！」って電話があるんです、というのです。

実は他にも似たような話をいくつか聞いたことがあります。自分の物件を綺麗にお掃除するとそれを見ていた掃除の神様が入居者を連れてきてくれるのかもしれません。

第9章のまとめ

高齢者住宅の入居募集は、通常の賃貸住宅とは違い、同業者からの紹介が主です。そして、家賃もそんなに高くなく相場並みの設定です。これは、特養の待機者や通常の高齢者をターゲットにしているからです。

日本の高齢者は、金融資産を沢山もっていますが、持っていても、介護がいつまで続くかわからないので貯蓄を取り崩していくのには抵抗があるようです。ですから、入居時のトータルの費用を年金程度に抑えることが非常に重要になってくるのです。

⑩ 高齢者賃貸住宅経営で利用できる資金制度

1　まだある交付金の種類（県・市町村の補助金制度の例）

地域優良賃貸住宅制度

都道府県や市には「地域優良賃貸住宅制度」というものがあります。

この制度は２００７年より「高齢者向け優良賃貸住宅制度」および「特定優良賃貸住宅制度」を再編したものです。

高齢者世帯、子育て世帯、各地域における居住の安定に特に配慮が必要な施策対象として、賃貸住宅の整備費助成等を通じで、民間事業者等による良質な賃貸住宅の供給を促進するための制度です。

また、入居者資格を設定し「高齢型」と「一般型」の２つに区分されています。これらは、県や市によって少しずつ基準が違います。先ほどの区分も名古屋市ですと「地域優良民間型」と「駅そば高優賃型」と表現しています。

したがって、各自治体に問い合わせて募集期間や補助金額、要件などを確認する必要があります。窓口は県の建築部や政令指定都市の住宅局になります。

平成23年度は、愛知県や名古屋市では8月に締め切られているので今年度はもう利用できません。全国的にも同じような対応がとられていると推測されます。もともと、この予算は国からの補助金も含まれていますので、サ高住の国の補助金と重複して両方をもらうことはできません。

来年度以降も継続される見込み

愛知県や名古屋市に確認したところ、高齢者住まい法の改正により、来年度は高齢者の部分をサ高住との関連の中で、重複する部分については廃止または条件等の変更が行われる可能性が高いものの、来年度以降も継続される見込みということでした。もちろん予算額等も毎年変わりますので、利用を考えている方は来年度の発表時期を確認して、早く要件等をチェックしたいものです。

概要としては、名古屋市の場合は新築、中古の改修ともに、廊下や階段、警報装置、エレベーターなどの共用部部分の工事費に２／３以内の補助が出ます。入居者にも一定の所得の人を対象に補助制度があり、１戸あたり上限４万円まで補助が出ます。また、税制優遇の内容は、「新築および取得した場合、５年間の割増償却」と「新築の場合の固定資産税は当初5年間１／３に減税」になります。その他としては、生活支援サービスを提供するライフサポートアドバイザーが派遣される場合のその人件費に対する補助金があります。

なお、新築及び既存住宅を購入し、バリアフリー改良を行って高齢者向けの優良賃貸住宅とする場合には、住宅金融支援機構の融資を受けることができます。これらの基準も、サ高住の融資基準とともに見直されると思います。平成23年10月現時点では、発表がありませんが、平成24年の４月までには発表があるのではないかと思われます。

名古屋市の例を図表72にまとめておきましたので参考にしてください。

地方公共団体ごとに内容が少しずつ異なりますので、自分の所有している土地の都道府県に内容確認をしてみましょう。

【図表72　事業の主な要件】

項　目	地域優良民間型	駅そば高優賃型	地域優良公社型	改良型
①概　要	土地所有者等が高齢者向け優良賃貸住宅として整備・供給する事業	土地所有者等が鉄道駅※周辺（地上階数4階以上は半径500m以内、地上階数3階以下は半径800m以内）に高齢者向け優良賃貸住宅として整備・供給する事業	社会福祉法人や医療法人が高齢者向け優良賃貸住宅として整備・供給する事業	既存の住宅を改良し、高齢者向け優良賃貸住宅として整備・供給する事業
②事業者の資格	名古屋市内の土地の所有権又はその土地について建物の所有を目的とする地上権、賃借権若しくは使用貸借権等を有する者。 住宅を建設するにあたり、適切かつ確実な資金計画をたてることができる者。			
③住宅の構造等	耐火構造又は準耐火構造			
④　戸　数	5戸以上			
⑤住戸面積	戸当たり25㎡以上			
⑥住宅の間取り等	各戸が台所、水洗便所、収納設備、洗面設備及び浴室を備えたものでなければならない			
⑦住宅のバリアフリー化	地域優良賃貸住宅整備基準及び名古屋市高齢者向け優良賃貸住宅整備基準に適合するよう整備すること。（住宅の品質確保の促進等に関する法律（平成11年法律第81号）に基づいて、日本住宅性能評価方法基準（平成13年国交省告示第1347号）別表に掲げる高齢者等配慮対策等級３に相当）			左の基準により整備することが困難であって、左の基準に該当する賃貸住宅と同等以上の性能を有すると認める場合は左の基準を満たすものとみなすことができる。
⑧高齢者対応仕様	緊急通報の装置及び安否確認サービスの体制整備（サービスの利用については入居者の任意）			
⑨管理方法	市が指定した法人に管理を委託して行わせること			
⑩建設費補助	共用部分等整備費（廊下、階段等）及び加齢対応構造等整備費（警報装置、エレベーター等）に対する2/3以内	「共用部分等整備費及び加齢対応構造等整備費に対する2/3以内」＋「住宅建設費から上記整備費を除いた部分に対する1/4以内」 ※ただし、補助総額が住宅建設費の1/3を超えないこととする	住宅建設費に対する1/3以内	共用部分等改良費及び加齢対応構造改良費に対する2/3以内
	建物の規模、構造及び補助の項目等により補助金の上限が定められています。			
⑪家賃補助	契約家賃と入居者負担額の差額について補助（ただし1戸あたり4万円/月が上限） 入居者の所得月額が268,000円を超える場合、入居者負担額が契約家賃を越える場合は家賃補助の対象になりません。 家賃補助の対象期間は住宅の管理開始後、原則として10年。但し、10年に達した時点で入居中の者がいるときは、その者が退去するまでの間（最長20年)。地域優良公社型にあっては20年。			
⑫駐車場	名古屋市中高層建築物の建築に係る紛争の予防及び調整等に関する条例に定める台数			

⑩　高齢者賃貸住宅経営で利用できる資金制度

【図表73　住宅の主な管理要件】

項　目	条　件
①入居者資格	（1）申込者が高齢者(60歳以上)であること （2）申込者が単身であるか、同居者が配偶者(60歳未満可)または高齢(60歳以上)の親族であること （3）申込者及び同居者が、自立した日常生活を営むことができること （4）月額所得が487,000円以下であること
②入居者募集	原則として公募により申し込みを受け付け、申し込み多数の場合は公開抽選等の公正な方法により選定すること
③公募広告	申込受付期間の末日から起算して少なくとも１週間以上前に、新聞掲載等の方法により、次に掲げる事項について広告をすること （1）賃貸する住宅が高齢者向け優良賃貸住宅であること （2）住宅の所在地、戸数、規模及び構造 （3）賃貸人の氏名及び住所又は名称及び主たる事務所の所在地 （4）入居者の資格 （5）家賃、その他賃貸の条件 （6）申込受付の期間及び場所 （7）申し込みに必要な書面の種類 （8）入居者の選定方法 （9）賃貸住宅の管理期間
④申込受付の期間	少なくとも１週間以上とすること
⑤契約家賃	次に掲げる条件を満たすこと （1）近傍同種の住宅の家賃を超えない範囲であること （2）次頁の表により算定された限度額家賃の範囲内であること
⑥敷金	家賃の３月分以内の額とすること（家賃、敷金以外に権利金、礼金、謝金等を受領し、その他賃借人の不当な負担となることを賃貸の条件としてはならない）
⑦共益費	住宅の共用部分等の維持管理に必要な光熱費、上下水道使用料、清掃費等については実費にて徴収すること
⑧管理の方法	住宅の管理を行うために必要な資力及び信用並びにこれを的確に行うために必要な経験及び能力を有する者で次に掲げる者に、住宅の管理を委託し、又は賃貸すること（賃貸人自身が次に掲げる者に該当する場合はこの限りでない） （1）地方住宅供給公社及び独立行政法人 都市再生機構 （2）名古屋市高齢者向け優良賃貸住宅供給促進事業制度により管理者として届出又は指定を受けた者
⑨維持補修	外壁補修、屋上防水、鉄部補修、給排水管改修等について、あらかじめ修繕の期間、内容等を定めた修繕計画を作成して、計画的に維持補修を行うこと
⑩備付書類	住宅の賃貸借契約書並びに家賃及び敷金の収納状況を明らかにする書類を事務所に備え付けること
⑪管理の期間	原則として10年。但し、10年に達した時点で入居中の者がいるときは、その者が退去するまでの間（最長20年）。地域優良公社型にあっては20年とする。

２　実は介護事業者にも交付金がある（介護事業者向けの交付金）

介護基盤の緊急整備特別対策事業（平成21～平成23年度）

図表74、図表75のように、介護事業者には、高額な助成金が用意されています。こちらは大家さん向けの交付金ではないので、大家さんが直接利用することはできません。

介護事業者・医療法人が自ら施設を建築する場合や、設備の整備をする場合に利用できます。市町村にて交付されますので、問合先は各市町村になります。

この補助金は平成23年度までの時限措置ですが、供給計画が未達成のため、平成24年度も継続される可能性もあります。

土地を貸したい地主さんにとっては、追い風といえる政策です。

補助金の利用例

２階がグループホーム１ユニット（９戸）と１階が認知症対象のデイサービスの複合施設を建築した場合の例をみてみます。グループホーム建築費で２６２５万円、認知症対応型デイサービスで１０００万円、介護職員処遇改善等交付金（ソフト）60万人×９人＝５４０万円。合計３７９０万円もの補助金がもらえます。

これが東京都のグループホームの建築促進地域ですともっと補助金がでます。２階のグループホー

【図表74　介護施設等の整備促進】

介護施設等の整備促進
（実施期間　平成21年度～平成23年度）・厚生労働省

項目	事業内容	国の交付金
介護施設等の整備促進	⑴介護基盤緊急整備等臨時特例基金事業 ①介護基盤の緊急整備特別対策事業 ②既存施設のスプリンクラー整備特別対策事業	介護基盤緊急整備等臨時特別交付金（ハード交付金） 2,495億円
	⑵介護職員処遇改善等臨時特例基金事業 ①施設開設準備経費助成特別対策事業 ②定期借地権利用による整備促進特別対策事業	介護職員処遇改善等臨時特別交付金（ソフト交付金） 4,773億円
介護職員の処遇改善	介護職員処遇改善交付金事業	

出所：厚生労働省

【図表75　介護基盤緊急整備等臨時特別交付金】

介護基盤緊急整備等臨時特別交付金（平成21年度～平成23年度）・厚生労働省

対象施設	基礎単価
小規模特別養護老人ホーム	350万円（注）×定員数
小規模老人保健施設	4,375万円（注）／１施設
小規模ケアハウス	350万円（注）×定員数
認知症高齢者グループホーム	2,625万円（注）／１施設→3,000万円
小規模多機能居宅介護拠点	2,625万円（注）／１施設→3,000万円
認知症対応型デイサービス	1,000万円／１施設
夜間対応型訪問介護ステーション	500万円／１施設
介護予防拠点	750万円／１施設
地域包括支援センター	100万円／１施設
離島振興法等に基づく生活支援ハウス	3,000万円／１施設

注：平成21年度～平成23年度に限り、単価増を行うもの。（平成22年度末時点）
出所：厚生労働省

【図表76　スプリンクラー整備に対する支援について】
（実施期間　平成21年度～平成23年度）・厚生労働省

	改正前	改正後
延床面積	1,000㎡以上	275㎡
建物の構造等	平屋建て以外	すべて

施設種別	交付金（１㎡当たり単価）	スプリンクラー設置義務
特養および老健施設（29人以下）	1,000㎡以上の平屋建て（17,000円/㎡）→期間延長 275㎡～1,000㎡未満（9,000円/㎡）→期間延長	○
認知症高齢者グループホーム		○
特養および老健施設（29人以下）		○
養護ホーム		○
有料老人ホーム（主として介護状態にある者を入居させるもの）		○
小規模多機能型居宅介護		－

出所：厚生労働省

ム１ユニット（９人戸）の建築費で２６２５万円＋２０００万円、１階の小規模多機能施設の部分の建築費で２６２６万円、先ほどと同じソフト部分で２６２５万円。合計で８３３０万円にもなります。建築費の多くが補助金で賄えてしまうくらいの補助金です。

本当に大家さんが使えないのが残念です。これくらい地域によってはまだ施設が不足しているという現われでもあります。

3　融資制度も国が支援（住宅金融支援機構の融資制度）

住宅金融支援機構の融資制度

③の6で住宅金融支援機構の融資においては、18㎡タイプは別担保が必要なくなったことを書きました。ここでは、住宅金融支援機構の基本的な融資制度について述べたいと思います。

名称は平成19年4月1日からこの名称になり、その前までは住宅金融公庫でした。こちらのほうが名前としては馴染みがあるかもしれません。特徴としては、金利は全期間固定金利で15年固定型と35年固定型から選択ができます。長期固定金利返済なので相続対策に向いているといえます。

また、「繰上返済制限制度」があり利用すると金利が若干低くなります。しかし、この制度を利用して繰上げ返済をすると繰上げ返済した元金の5％の違約金が掛かりますので選択する際は将来的な計画と照らし合わせ検討する必要があります。住宅金融支援機構のメリットとデメリットは図表77、そして融資条件の詳細は図表78を参照してください。融資の申込みは自分の住まいの最

【図表77　住宅金融支援機構利用のメリット・デメリット】

メリット	・長期固定金利で借入れできるので、金利上昇リスクがない。 ・評価が民間金融機関よりも高い。 ・土地の購入費も融資してくれる。保証人がいなくても融資してくれる制度もある。
デメリット	・長期固定金利なので民間の金融機関より金利が高い。 ・書類も多く手続が煩雑

寄の支店で行います。融資のエリア（土地の所有場所）は全国どこでも対応してくれます。

【図表78　住宅金融支援機構の融資条件（平成23年11月現在）】

融資種別		サービス付き高齢者向け賃貸住宅融資（一般住宅型）	サービス付き高齢者向け賃貸住宅融資（施設共用型）
対象条件	サービス付き高齢者向け賃貸住宅の登録	借入れの対象となるサービス付き高齢者向け住宅の事業に係る賃貸住宅の全ての住戸について、高齢者の居住の安定確保に関する法律（平成13年法律第26号。以下「高齢者住まい法」といいます。）第5条第1項の規定による「サービス付き高齢者向け住宅の登録」を受けていただきます。 ※資金の受取の手続時まで（中間資金をご希望の場合は、初回の中間資金の受取の手続時まで）に登録を完了し、登録したことが確認できる書類を機構にご提出いただくことが必要となります。 ※返済期間を通じて（完済いただくまでの間）、高齢者住まい法に基づく5年ごとの登録の更新を受け、登録の更新を確認できる書類を機構にご提出いただくことが必要となります。	
	住宅の構造及び設備	各居住部分に台所、水洗便所、収納設備、洗面設備及び浴室を備えた住宅	以下の要件をいずれも満たす住宅 ・各居住部分に水洗便所及び洗面設備を備えた住宅 ・共用部分に共同して利用するための適切な台所、収納設備または浴室を備えることによって、各居住部分に台所、収納設備または浴室を備えていない住宅
		※サービス付き高齢者向け住宅の登録を受ける賃貸住宅（当該賃貸住宅で、借入れの対象とならないものを含みます。）の場合で、台所、収納設備または浴室を備えていない居住部分が一室でもあるときは、サービス付き高齢者向け賃貸住宅融資（施設共用型）となります。	
	保証人	必要	不要
	1戸当たりの専有面積	25㎡以上 ※居間、食堂、台所その他の居住の用に供する部分が高齢者が共同して利用するため十分な面積を有する場合は、18㎡以上となります。	18㎡以上
		※都道府県が定める高齢者居住安定確保計画により別途基準が定められている場合は、当該基準に定める専有面積以上となります。	
融資種別		サービス付き高齢者向け賃貸住宅融資（一般住宅型）	サービス付き高齢者向け賃貸住宅融資（施設共用型）
対象条件	賃貸住宅部分（注）の延べ面積	200㎡以上	
	敷地面積	165㎡以上	
	戸数	制限なし	
	建物の形式（建て方）	一戸建て以外（共同建て、重ね建て及び連続建て）	
	構造	耐火構造または準耐火構造（省令準耐火構造を含みます。）	
	機構の技術基準	接道、断熱構造（省エネルギー対策等級3以上）、配管設備、区画、床の遮音構造及び空地の確保に関する基準があります。 （詳しくは10の機構本支店窓口にお問い合わせください。）	
	賃貸する住戸の契約形態	賃貸する住戸の契約関係は、建物賃貸借契約に限ります。 ※利用権契約によるご契約の場合は、借入れの対象となりません。	
	借入れの対象	賃貸住宅部分（注）の延べ面積が建物全体の延べ面積の3／4以上の場合 →　建物全体 賃貸住宅部分（注）の延べ面積が建物全体の延べ面積の3／4未満の場合 →　賃貸住宅部分（注）のみ	
	中間資金	分割で借入金の受取を希望される場合は、着工時（借入総額の約30%）、屋根工事完了時（借入総額の約30%（累計約60%））及び竣工時（借入総額の約30%（累計約90%））に中間資金の受取が可能です。 ※原則として、着工時と屋根工事完了時の中間資金の額は、機構の認定した土地評価額が上限となります。	

（注）賃貸住宅部分とは、サービス付き高齢者向け賃貸住宅融資の対象となる住宅の専有部分及び共用部分をいいます。面積の求め方については10の機構本支店窓口にお問い合わせください。

出所：住宅金融支援機構ホームページ

4　銀行融資の注意点とは（建築費の民間の銀行融資）

担保評価内に建築費をおさえる

大家さんの中で、1億以上のお金を現金で出す人はほとんどいません。ほとんどの人が融資を利用すると思います。仮に現金があっても相続税の納付を考えると、自己資金は使いたくないという人が大多数でしょう。

そうなると、よいプランができて、いい介護事業者に借り上げしてもらえることになったとしても融資ができなければ、それまでの打合せや設計に費やした時間が無駄になってしまいます。ですから、建築費から自己資金を引いた額の担保評価があることが条件になってきます。担保評価から逆算してその範囲内で建築プランをつくることが重要です。

建築を提案してくる会社はおそらく担保評価も気にしてプランを作成してくれるとは思いますが、念のため、自分のでも土地と建物建築費でどれくらいの担保評価があるのか試算しておくことが重要です。

銀行の担保評価の仕方

銀行の担保評価の仕方は多少銀行によって差があります。また、担保評価が多少足らなくても、収入が多かったり、資産が多かったりすると融資をしてくれる場合もあります。これは賃貸「事業」

ですので収益性も審査の対象です。
要は、担保、収益性、収入や財産状況とその人の属性のトータルで判断されるのです。
しかし、銀行は常に、万が一の場合の「回収」のことを考えていますので担保は非常に重要といえます。担保評価の仕方の目安は、図表79のとおりです。

【図表79　担保評価の仕方の目安】

⑴　土地の担保評価：土地の面積×路線価÷0.8×70%…①
⑵　建物の担保評価：建物本体建築費×60%～70%…②
⑶　担保評価額　①＋②の合計

【設例】

土地1,000㎡（路線価10万円）の土地に、建物本体工事１億5,000万円の場合の建物を建築する場合の担保評価はいくらになるでしょうか（建物の担保評価は60%で計算することとします）。

⑴　土地：1,000㎡×10万円÷0.8×70%＝8,750万円…Ａ
⑵　建物：１億5,000万円×60%＝9,000万円…Ｂ
⑶　担保評価額：8,750万円＋9,000万円＝１億7,750万円

コラム：担保評価が足りない場合はどのように対処すればいいのか

実際に建築プランをつくって建築費の概算を出してみたら、担保が足りない場合はどう対処すればいいのでしょうか。
いくつか方法がありますので紹介します。

①　建築の規模を小さくして建築費を抑える。
②　自己資金を出す。
③　別の不動産物件を担保に入れる。
④　ＶＥにて建築コストを落とす。

ＶＥとは、バリューエンジニアリングの略で、機能は同じだけれど、メーカーや部材を変更して建築コストを下げる方法です。
しかし、実際には、自己資金の有無により対応できる人と対応できない人があると思いますので最初からしっかり担保評価内で建築プランを企画することが重要なことはいうまでもありません。

⑪

空室対策とっておきの方法は高齢者・障害者の受入れ

1　空室の多いマンションをサ高住にする方法

リノベーションとコンバージョン

リノベーションとは、同じ用途のものをリフォームして使う場合のことをいいます。

例えば、賃貸住宅などの住宅を同じサ高住にする場合などです。コンバージョンとは、用途の違うものをリフォームして使うことです。例えば、事務所をリフォームしてサ高住にする場合です。コンバージョンで事務所から賃貸住宅にする場合は、用途が変わるので建築確認申請の提出が必要になりますので注意してください。

どんな建物がサ高住に向いた建物なのか

18㎡タイプでサ高住に向いた物件は、会社が保有していた3階建以上のエレベーターのついた寮です。2階建のものですと、ほとんど、エレベーターがついていません。後からエレベーターを付ける工事は大変ですのでコストも掛かります。エレベーター自体は要件には入っていませんが、実際介護の現場では必要になってきます。

その他の理由は、共同の食堂などがついていますし、大浴場などもついているからです。それに入り口も一か所の場合が多いので管理もしやすいでしょう。さらに管理人室などがあれば、事務所スペースとしても使えます。1戸あたりの部屋の面積は18㎡以上必要になりますので、それより小さい物件はサ高住には向いていません。

必ず必要になる改修工事の内容は、エレベーターやスプリンクラー、ナースコール、自動火災報知機、バリアフリー化、手すりなどの設置工事です。あとは各物件で、厨房や事務所スペース、共同のトイレ、各部屋のトイレ、外壁等を修繕することになります。

25㎡タイプの場合

1戸あたりが25㎡以上の部屋のもので、お風呂、キッチン、洗面、トイレ、収納のある物件は、今回の改正で共用のスペースは要らなくなりました。もちろん共同の食堂はあったほうがいいのですが、物件の状況でできない場合は仕方がありません。介護事業者には1室を事務所として使ってもらうようにします。このタイプは、夫婦で入居することも可能です。対象としてはおおむね自立型か介護度の低い人で共同のお風呂に入りたくない人がメインになると考えられます。介護度の低い分、介護保険収入は少ないので、夫婦で入居してもらうなどして人数でカバーします。

介護事業者は、小規模の会社でも事業の採算上、20室くらいはまとめて部屋が欲しいというところが多いです。もし、法人などに部屋を貸していて事業所の閉鎖や派遣社員のリストラなどで一棟ごと空室ができたときは、大変困ることになります。

しかし、そんなときこそ高齢者住宅に転換する良い機会にもなりますので、今後の空室対策の参考にしていただきたいです。そして、タイミングさえ合えばリフォームにも補助金が使えますので是非利用してください。

2　賃貸住宅に高齢者が入居する場合の安心サービス

あんしん居住制度

多くの大家さんは高齢者から自分の賃貸住宅に高齢者から入居の申込みがあった場合どうしようか迷います。それは、入居中に何か事故や急激な体調の変化などを心配するからだと思います。

そんな心配を軽減する方法がありますので紹介します。代表的なのが「財団法人東京都防災建築まちづくりセンター」が提供している「あんしん居住制度」です。

これは、賃貸住宅・持ち家を問わず誰でも東京都に住んでいる高齢者か、これから東京都に住む予定の人が利用できます。また、高齢者がある一定の費用を負担することで万一の事態に対応してくれるサービスです。不動産仲介会社でも紹介している会社もあります。

主なサービスは、図表80の３つです。

これらのサービスは入居者される高齢者自身が加入することになります。身寄りがない高齢者にとっては安心なサービスです。また、同時に貸す側の大家さんにとっても安心なサービスといえるでしょう。この制度に対し中央区や千代田区のように助成金を出している自治体もありますので、ぜひ入居者には利用してもらいたいと思います。年齢制限がないので、何歳の方でも加入できます。

特にこの契約をするのに保証人を立てる必要はありません。しかし、死亡後の貴重品管理等をしてもらうための緊急連絡先を立てることが契約の条件となります。

【図表80 万一の事態の対応サービス】

(1) 見守りサービス
- 年間利用料48,000円（月々約4,000円）
- 契約期間 1年
- 「生活リズムセンサー」「緊急通報装置」「携帯用ペンダント」により24時間安否を見守り、緊急時の対応を行います。
- オプションで２週間に１度、看護士等から安否確認の電話サービスをします。

(2) 葬儀サービス
- 預り金 30万円
- 契約期間 5年
- お亡くなりになった場合に死亡診断書を受け取り、直葬します。

(3) 残存家具の片づけ
- 預り金 30万円（賃貸住宅の場合）
- 契約期間 5年
- お亡くなりになった場合に、住宅内に残された家財の片づけを行います。

ライバルに差をつけよう

全国すべてではありませんが、大阪市や福岡市をはじめ各自治体でもこれに似たサービスを行っているところもあります。一度、自分の町でもこのようなサービスがあるか調べてみることをおすすめします。

もし、あなたがこのような制度があることを知っていて、これを知らない他の大家さんが、高齢者の入居を断わったとしても、入居者にこのような制度に加入してもらうことにより、安心して入居してもらうことができます。

この制度の存在を知っているだけでライバルに差をつけることができるのです。

賃貸経営が成功するか失敗するかの違いはこのように、知っているか知らないかだけの差といっても過言ではありません。今では賃貸経営を勉強する方法は、本やセミナーなどたくさんありますので、知識がないために取り返しがつかない失敗をしないように、知識を習得していただきたいと思います。

3　空室対策に使えるその他のモデル（ＮＰＯとの連携による高齢者対応賃貸住宅モデル）

ＮＰＯが生活支援する高齢者世帯向け賃貸住宅、コミュニティーハイツ

コミュニティーハイツは「自由と安心の両立」をテーマにつくられた高齢者向け賃貸住宅です。敷金・礼金方式の賃貸住宅システムを利用することにより「自分らしく生きる自由」と、地域で活躍する福祉系ＮＰＯのサポートによる「もしものときの安心」を目指した高齢者住宅です。

【図表81　高齢者住宅のテーマ】

部屋の中で食事ができる自由
いつでも退去できる自由
いつまでも住める安心
いつでも気軽に相談できる安心
家具を全て持ちこめる自由
介護事業者がすぐそばにいる安心
息子と一緒に住める安心
自由
ひとりで入浴できる自由
安心
家族を泊めることができる自由
室内に段差がない安心（バリアフリー）
自宅（持ち家）を売却せず、管理してもらえる安心
団体行動を強制されない自由
仲間と一緒に住む自由
近所にＮＰＯがいてくれる安心
月々の費用を年金内で支払える安心

出所：市民福祉団体全国協議会・ホームページより

通常の家賃、共益費以外にＬＳＡサービス（生活相談支援サービス）を提供するＮＰＯ法人へＬＳＡ費として１万円と緊急対応サービスとして警備会社への費用が５千円必要となります。サービスの内容は月～土曜日の午前中に１日１回安否確認と生活相談の「モーニングコールサービス」と万が一の場合の警備会社による緊急対応です。

以前は、全国の福祉系ＮＰＯ法人をネットワークしている「ＮＰＯ法人　市民福祉団体全国協議会」が情報の取りまとめや提案をしていましたが、現在はその業務は中止しています。各都道府県のＮＰＯ団体の検索サイトでＮＰＯ法人を検索し、独自に相談

【図表82　コミュニティハイツは賃貸住宅】

担当NPOは、福祉長屋の入居者に
対してLSA(生活支援サービス)を提供する
と共に地域へいろいろな福祉サービスを
提供しています。
入居者へ
生活支援
サービス
の提供
NPO
事務所
近隣利用者への
助け合い活動事務所、
ヘルパーステーション
として
地域の利用者へ
福祉サービスなど
の提供

出所：市民福祉団体全国協議会・ホームページより

する必要があります。

ＮＰＯ法人と大家さん、それぞれのメリット

　コミュニティーハイツのＮＰＯ法人のメリットは、事務所が格安に確保できることです。そのために大家さんとしては、ＮＰＯ法人に相場より安い家賃で部屋を提供しなければいけません。ＮＰＯ法人は地域にも安否確認サービスを提供していますので、そのお客さんの中から普段の生活に不安になってきたのでＮＰＯの事務所と同じマンションに住みたいという要望がでてきます。

　そこで、大家さんのメリットは今まで不動産仲介業者だけからの入居者紹介がＮＰＯ法人からも入居者を紹介してもらえるようになることです。更に、建物内にＮＰＯの事務所があることによって不動産業者から高齢者を紹介されても安心して入居させることができます。

　また、一般の入居者もそのまま入居できますし、特別な追加投資も必要になりません。ですから既存の物件の空室対策としての利用にはとてもメリットがあります。

4　家賃債務保証制度とは

財団法人高齢者住宅財団とは

高齢社会を支える住まいづくりには、高齢期のからだの変化に配慮した住宅の普及や、高齢者向けの賃貸住宅の供給、保健・医療・福祉と連携した日常生活支援や在宅介護サービスの提供、暮らしに安心をもたらす地域社会づくりなどの幅広い課題があります。

（財）高齢者住宅財団は、このような課題に応えるために、国交省と厚労省の支援を得て、全都道府県と政令指定都市、都市基盤整備公団などの公共の団体および数多くの民間企業の協力を得て平成5年3月に設立されました。

平成13年10月には高齢者の居住の安定確保に関する法律の全面施行にあわせ、国土交通大臣から「高齢者居住支援センター」としての指定を受けました。

設立以来、高齢者向け公的住宅の事業化支援やその管理運営、民間事業者によるシニア住宅の事業認定等を行っていました。

現在は、高齢者居住支援センターとして、賃貸住宅に入居する高齢者の家賃債務保証、死亡時一括償還型融資により自宅をバリアフリーに改良する高齢者に対する債務保証、高齢者の居住の安定確保に関する情報の収集・提供などの業務を行っています。

⑪　空室対策とっておきの方法は高齢者・障害者の受入れ

【図表83　家賃債務保証制度の概要】

1．対象住宅　　高齢者世帯または障害者世帯、子育て世帯、外国人世帯もしくは解雇等による住居退居者世帯の入居を敬遠しないものとして、財団と家賃債務保証制度の利用に関する基本約定を締結した賃貸住宅

2．対象世帯　　（1）高齢者世帯：　高齢者円滑入居賃貸住宅に入居する満60歳以上の高齢者の世帯

（同居者は、配偶者を除き原則として満60歳以上の親族に限る）

（2）障害者世帯：障害の程度が次に該当する者が入居する世帯

①身体障害：１～６級

②精神障害：１～３級

③知的障害：精神障害に準ずる

（3）子育て世帯：18歳以下の扶養義務のある者が同居する世帯

（収入階層の50％未満の世帯に限る）

例：給与所得者１人および扶養親族１人の場合　年収5，984，000円未満

給与所得者１人および扶養親族２人の場合　年収6，456，000円未満

給与所得者１人および扶養親族３人の場合　年収6，893，334円未満

（平成19年７月１日現在）

（4）外国人世帯：　外国人登録証明書の交付を受けた者が入居する世帯

（5）解雇等による住居退居者世帯：　平成20年4月1日以降、解雇等により住居から退居を余儀なくされた世帯

（その後の就労等により賃料を支払える収入があるものに限る）

3．保証の対象　（1）滞納家賃（共益費及び管理費を含む）

（2）原状回復費用および訴訟費用

※（1）（2）ともに、家賃滞納により賃貸住宅を退居する場合に限ります。

4．保証限度額　（1）滞納家賃：月額家賃の12か月分に相当する額

（2）原状回復費用および訴訟費用：月額家賃の９か月分に相当する額

5．保証期間　原則２年間（賃貸借契約期間に合わせて変更可能。更新も可能）

6．保証料　　２年間の保証で月額家賃の35％を一括払い（原則入居者負担）

（これは２年分の家賃の約1．5％の負担に相当します）

出所：財団法人高齢者住宅財団ホームページ

【図表84　利用手続の流れ】

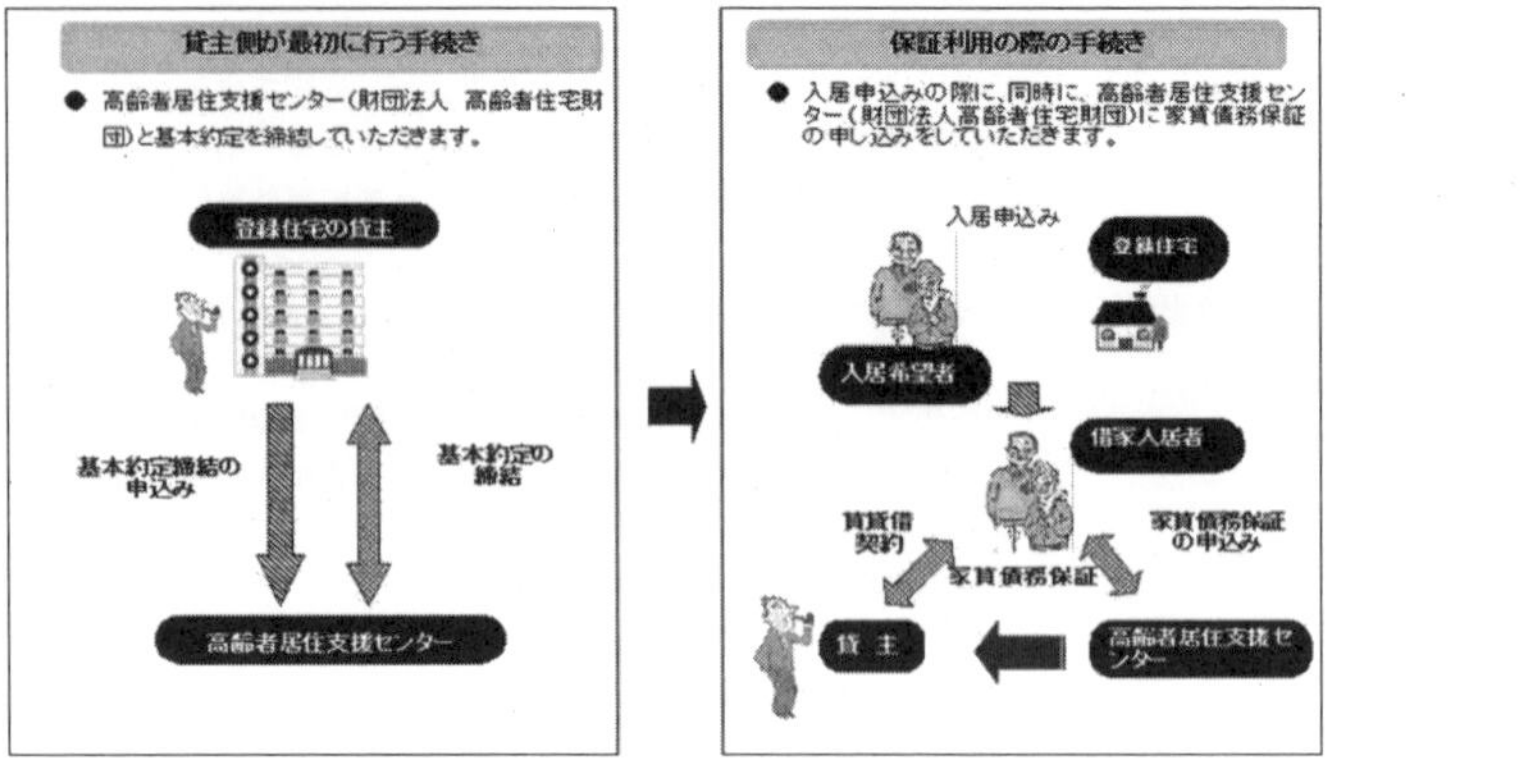

出所：財団法人高齢者住宅財団ホームページ

高齢者住宅財団の家賃債務保証制度とは

高齢者世帯、障害者世帯、子育て世帯、外国人世帯および解雇等による住居退居者世帯が賃貸住宅に入居する際の家賃債務等を保証し、賃貸住宅への入居を支援する制度です。

この制度により、賃貸住宅の経営者には家賃の不払い時への心配が軽減され、安心して高齢者や子育て世帯、外国人等を賃貸住宅に入居してもらうことが可能です。

費用は2年間で月額家賃の35％を入居者に負担してもらうことになります。これは、2年分の家賃の約1・5％の負担に相当します。

家賃等については、12か月分、原状回復費については、9か月分が保証されますのでぜひ利用したい制度です。

賃貸市場では、外国人は1997年から10年で1・5倍増ですし、離婚組数も2010年では25万組以上が離婚している現状があります。この制度は、このように増加する市場に対応していますので、大家さんにとっては非常にメリットが多く心強い制度です。

5　一般財団法人移住・住替え支援機構（ＪＴＩ）のマイホーム借上げ制度

一般財団法人移住・住替え支援機構とは

移住・住替え支援機構（ＪＴＩ）とは、住替えを希望している50歳以上の人のマイホームを借り上げ、賃料を保証する非営利の法人として、平成18年4月に設立されました。今住んでいる家を売却することなく現金化する道を拓き、シニアの人の移住・住替えを応援する機関です。

空室が多くなって借上げ賃料の支払いが困難になっても、国の予算において5億円の債務保証基金が設定されていますので、万が一の場合でも安心です。

シニアだけでなく自宅を貸して大家さんになりたい人にも最適な制度

一般財団法人移住・住替え支援機構（ＪＴＩ）の「マイホーム借上げ制度」は、50歳以上の高齢者、50歳以下でも定期借地権付き住宅を賃貸したい人、一定の条件を備えた住宅への住替えで旧住宅を貸したい人からＪＴＩが住宅を借り上げ、子育て世帯に転貸する仕組みです。これにより高齢者にとっては、家を売却することなく、終身で家賃収入ができ、高齢者住宅や施設への家賃等の老後資金として利用できます。

なお、家を借りたい人にとっては、礼金や保証金なし、保証人なしで市場より10％～20％安く、一戸建の優良な住宅を借りることができます。

【図表85　マイホーム借上げ制度の仕組み】

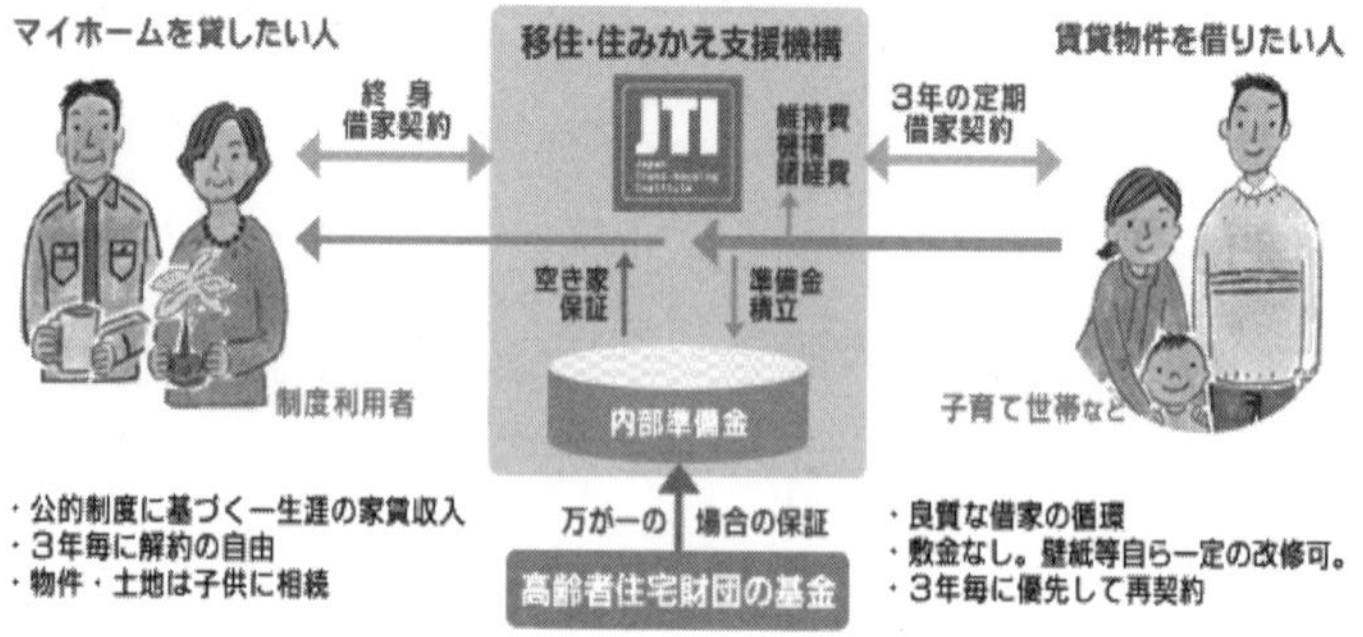

出所：一般財団法人移住・住替え支援機構・ホームページ

これから大家さんになろうとしている人で自分の家を貸したいと思っている人も利用できるので、大変画期的な仕組みです。ローンの残っている住宅でも提携先のローンに借り替えることにより利用できます。最初の入居者が決まるまでは、家賃は入ってきませんが、一度入居者が決まれば、その後は入居者が入っていなくてもＪＴＩが家賃を支払ってくれますので安心です。

再起支援借上げ制度

ＪＴＩでは、「マイホーム借上げ制度」の他に「再起支援借上げ制度」という制度もあります。これは、減収やボーナスの減少などで住宅ローンの返済が一時的に厳しくなった人が、その両親の家などに転居した上で、マイホームを一時的に賃貸し賃貸収入を返済に充てる場合に、「マイホーム借上げ制度」を利用する場合の年齢制限（50歳以上）が非適用となる制度です。

これにより、利用者の年齢にかかわらず、移住・住替え支援制度機構の「マイホーム住替え制度」を利用してマイホー

⑪　空室対策とっておきの方法は高齢者・障害者の受入れ

【図表86　マイホームを貸す人のメリット】

(1)　マイホームを貸す人のメリット
・ＪＴＩが最長で終身借上げ、安定した家賃収入を保証。
・マイホームがもう１つの「年金」になります。
・入居者との契約は３年単位の定期借家契約なのでマイホームに戻ることも可能。
・家を長持ちさせるメンテナンス費用を家賃収入でまかなうこともできます。

(2)　賃貸住宅を借りる人にメリット
・良質な住宅を、相場より安い家賃で借りられます。
・敷金や礼金の必要がありません（契約時の仲介手数料は必要となります）。
・壁紙など一定の改修が可能。
・３年ごとに優先して再契約ができます。

(3)　マイホーム借上げ制度を利用できる人
・日本および海外に居住する50歳以上の人（国籍は不問）。
・50歳未満でも定期借地権付き住宅を所有している人。
・50歳未満でも新築購入時にＪＴＩが認めた長期メンテナンス体制、耐震基準を満たした「移住・住かえ支援適合住宅」に転居する人。

(4)　「移住・住みかえ支援適合住宅」耐久・耐震基準
①　「住宅の品質確保の促進等にかんする法律」に基づく住宅性能表示（新築住宅）を取得し以下の３条件を満たすこと。
・劣化対策等級：３等級
・維持管理対策等級：３等級
・耐震等級：２等級以上
②　長期優良住宅であること。

(5)　借上対象住宅
・単独、共同所有する日本国内にある住宅で、１戸建て、共同建て（タウンハウス）、マンション等のいずれも対象で現在居住している必要はありません。

(6)　借上形態の種類
①　終身型
対象となる住宅に問題がない限り、利用者と配偶者等の共同生活者が亡くなられるまで終身借上げします（ただし、主たる利用者が亡くなった後、配偶者などの共同生活が50歳に達していない場合、50歳に達するまで家賃保証が受けれない場合があります）。
②　期間指定型
あらかじめ利用者が指定された期間を借上げします。この場合、途中で解約することは原則認められていません。

(7)　賃料の保証
・ＪＴＩが転貸契約賃料から、ＪＴＩ所定の諸経費・空家のための引当金等を控除した金額を借上げ賃料として支払います。その後転貸を行うことができずに空き家になった場合でも、ＪＴＩの最低保証賃料を支払います。
・賃料の見直しは毎年行われます。賃料査定はＪＴＩ協賛会社またはハウジング（住生活）プランナーが査定しＪＴＩが承認・決定します。
・賃料支払いの開始時期は最初の転借人が入居した時点からになります。制度利用の申込みと同時に賃料が保証されるわけではありませんので注意が必要です。

ムを機構に借り上げてもらい、家賃をローン返済に充てることができます。借り上げたマイホームは3年の定期借家契約で転貸しますので、状況が改善したら3年後には家に戻ることができます。

住宅金融支援機構の住宅ローンについては、事情を問わず、「住所変更」を提出することが認められるようになりました。民間銀行では一般的に「やむを得ない事情」がある場合のみローンが残っている自宅の賃貸を認める金融機関が大半です。今後、民間の金融機関でも住宅金融支援機構と同様の取扱いを認めるところが増えることが期待されています。

その他にも、北海道の一部の物件で、ＪＴＩが「高齢者安心賃貸住宅サポート」を行っています。これは、国土交通省の高齢者居住安定化モデル採択事業で「自宅での生活には不便を感じるけど、介護施設に入るほどの状況ではない。」そんな介護懸念層に向けて、安心して継続居住できるサポート付賃貸住宅を提供しています。

平成20年の総務省の住宅・土地統計調査によると、高齢者世帯と子育て世帯の持ち家比率には大きな開きがあることがわかります。35歳～39歳の持ち家率が16％に対し、65歳以上の持ち家率は64・8％にもなります。30歳～64歳の持ち家率でも29・5％です。この調査結果は、若者の住宅に対する価値観や、晩婚化、そして、経済的な事情が関係していると思われます。

しかし、高齢者になれば子供達は成長し、自分の住まいを持ち部屋が余ってきます。逆に、子育て世帯では、子供がいるため、家族の人数が多く部屋数も多く必要になるのが一般的でしょう。そう考えると、住宅のミスマッチが起っているといえます。このミスマッチの解消に、マイホーム借上げ制度が貢献できると思いますので、今後の利用促進に期待をしたいと思っています。

6　将来の高齢者社会の方向性（コンパクトシティ・ノーマライゼーション）

コンパクトシティーとノーマライゼーション

コンパクトシティとは、拡大した街をコンパクトにまとめ、徒歩や自転車、そして公共交通機関で生活できる街をつくることです。

郊外で都市的土地利用を進めると、自動車での移動が増え、障害者や高齢者にとって住みづらい街になることや農地の宅地化開発が進み環境破壊を引き起こすなどのデメリットがあります。

今地球規模で起こっている問題は環境破壊です。そして、日本の問題の1つに食物自給率の低下があります。これは農業政策にも関係してくることですが、世界の人口が増える中で今のようにずっと食料を輸入できる保証はありません。

皆さん知ってのとおり日本の自給率はとても低く危機感があります。この農業も高齢化が進み衰退してしまいます。活性化するには、農業を利益のあがる仕事にしなければいけません。そのためには効率化が必要で、農地の区画の拡充が必要だと感じています。農業法人が大きく農業をするための施策が必要だと思います。現在、農業の活性化において目覚しい変化はみえませんが、農地がなくなるとなかなか農業の復興は難しいので、まずは農地の保存が重要だと思っています。

そして、日本の行政の問題は、行政コストが多大にかかっていることです。郊外を都市化していくと、上下水道や道路の公共投資にお金がかかり、財政を圧迫するという問題がありますが、コンパクトシティはこれを抑制する概念でもあります。さらに、都心回帰により衰退した商店街などの復活や都心部の空洞化が防げるなどの効果が期待されます。

また、障害者が、健常者と同等に生活できる社会をつくろうという試みをノーマライゼーションといいますが、街のデザインとしては、バリアフリーデザインが必要になってきます。コンパクトシティは、徒歩や自転車、公共交通機関を移動手段としてとらえているため、障害者や高齢者にとっても優しい概念ですし、移動するためのエネルギーも少なくて済みますのでエネルギー問題にも貢献します。

ただ、問題がないわけではなく、ストロー効果により都市部の人口の一極化が起こり、都市部周辺の町が衰退することにもつながりますので反対意見もあります。

しかし、すべてがコンパクトシティという発想で問題が片づくとは思いませんが、高齢化と人口減、ノーマライゼーション、行政コスト、環境、エネルギー問題等を考えると、この発想は日本の都市計画の将来的な1つの方向性を示していることは確かだと思います。

今、3月11日の震災の復興が始まろうとしています。震災に遭われた方々には心よりお見舞い申し上げます。今はまだまだ言葉にできないほど大変な状況だと思います。しかし、希望を捨てずに日本人としての強さをもってすれば、自ずと乗り越えられると思います。。

ぜひこれらの発想をもって機能的で、省エネで安心、安全な都市計画を行い一刻も早く、街と生活が再生できることを心よりお祈り申し上げる次第です。

コラム：一般財団法人日本不動産コミュニティーの障害者と大家さんを結ぶ取組み

一般般財団法人日本不動産コミュニティー（Ｊ－ＲＥＣ）について

一般財団法人日本不動産コミュニティー（Ｊ－ＲＥＣ）とは、賃貸住宅実務検定（通称：大家検定）の資格制度の運営をしています。この大家検定とは、賃貸住宅経営に必要な実務知識を体系的に習得するための資格・検定試験制度です。

資格には、２級、１級、マスターとあり、２級は管理を中心に、企画、ファファイナンス、税務を学び、１級は不動産投資を中心に学びます。マスターは１級に合格して自らもコンサルタントや大家検定の認定講座の講師として活躍したいという人のための資格です。

試験は、そのまま受験するコースと認定講座を受講してから受けるコースがありますが、認定講座を受けると大家さん同士のコミュニティーの輪の中に入れ仲間ができることや、試験で５点の免除があるため認定講座を受講する方の方が多いです。

実は私もＪ－ＲＥＣの名古屋第２支部の支部長をしており、年間にいくつかの認定講座の講師やテキストの一部執筆などをしています。

Ｊ－ＲＥＣでは、障害者と大家さんを結ぶ取組みをしています。大家さんの今一番多い悩みは空室です。障害者の方の希望は、一般の者と同じように生活することです。障害者が入居するのを敬遠する方がみえます。それもある意味仕方ないことだと思いますが、もう少し障害者のことを知っていただき、理解してもらえれば、きっとその考えも変わると考えています。

「きょうされん」への協力

障害者の人たちが地域で働いたり、生活したりすることを支援する「きょうされん」という全国組織があります。きょうされんには全国に作業所がありそこで障害者の方が様々なものをつくり販売しています。Ｊ－ＲＥＣの名刺は少し変わっていて、点字が施されています。その名刺もきょうされんの作業所で作成してもらっています。それは機械で裁断されるのではなくひとつひとつ手作業で丁寧に造られた名刺です。

作業所では空いた時間もありますので、Ｊ－ＲＥＣでは、一部の作業所に利用料をお支払いし大家検定の認定講座を行っています。そうすることにより、大家さんと障害者が触れ合う機会が持たれ障害者への理解が深まると考えています。このように作業所にお仕事をお願いしたり、認定講座の会場として利用することにより作業所の売上に少しですが協力できます。

そして大家検定の認定講座を作業所で受講され障害者に対し理解の深まった大家さんが、入居を断らずに了承してもらえれば空室対策にもなります。また、入居希望の障害者の方も喜ぶことでしょう。

Ｊ－ＲＥＣではこのような障害者と大家さんを結ぶ取組みを行いお互いがメリットを享受できれば幸いだと感じています。

第11章のまとめ

一般の賃貸住宅でも高齢者に入居してもらうために色々な仕組みが用意されています。これらの制度をうまく活用して既存の物件でも、自立生活できる高齢者に入居してもらうことが可能です。そうすれば大家さんとしても空室対策になりますので、お互いにメリットがあります。

ぜひ、空室対策をしながら社会貢献できるこの仕組みを利用してみてください。

参考文献

・「戸建賃貸運用法」浦田健著・ダイヤモンド社
・「賃貸経営実務検定2級テキスト」・一般財団法人日本不動産コミュニティー発行
・法律・税金・経営を学ぶ会著「地主・家主さん、知らずに損していませんか?」　明日香出版社
・「これからの資産防衛　地主さん!その土地ならもっと稼げます」ナミキアカウントクラブ著・　あさ出版
・(株)船井総合研究所　資料
・コスモプラン(株)一級建築士事務所　セミナー資料
・エスサイクル一級建築設計事務所　図面図書
・建築工房　樹　(株)資料

著者略歴

大谷 光弘（おおたに　みつひろ）

株式会社アイリス代表取締役。建築工房　樹（いつき）株式会社代表取締役
一般財団法人日本不動産コミュニティー名古屋第二支部支部長。
賃貸経営研究会主催
取得資格：宅地建物取引主任者。ファイナンシャルプランナー（AFP）。
マンション管理業務主任者。賃貸経営コンサルティングマスター
経歴：1971年生まれ。愛知県出身。朝日大学法学部卒業後、愛知県のジャスダック上場の建築会社で賃貸住宅の提案事業に従事。一般的に賃貸住宅の建築営業の世界では平均年間２、３棟のところ、１年で最高契約を達成。営業所長就任３年目には愛知県春日井市で賃貸住宅建築棟数１位になる。多くの賃貸住宅を企画建築したこれらの経験を活かし独立。
現在は、大家さん向けにアパート・マンションのコンサルティング会社を経営。会員制コンサルティング「賃貸経営研究会」を主催。３年前から大家さん向けの建築工房 樹㈱も設立。同時に、一般財団法人　日本不動産コミュニティー（Ｊ－ＲＥＣ）の名古屋第二支部長として、大家検定認定講座の講師、テキストの執筆も行う。
連絡先：（株）アイリス
住所：愛知県名古屋市昭和区御器所４－12－５
電話：052-269-3580　ホームページ：http://www.iris-fp.com

高齢者向け賃貸住宅経営で成功する法

2011年11月24日発行

著　者　大谷　光弘　©Mitsuhiro Otani
発行人　森　　忠順
発行所　株式会社 セルバ出版
〒113-0034
東京都文京区湯島１丁目12番６号 高関ビル５Ｂ
☎03（5812）1178　　FAX 03（5812）1188
http://www.seluba.co.jp/
発　売　株式会社 創英社／三省堂書店
〒101-0051
東京都千代田区神田神保町１丁目１番地
☎03（3291）2295　　FAX 03（3292）7687

印刷・製本　モリモト印刷株式会社

Printed in JAPAN
ISBN978-4-86367-062-4

株式会社アイリス

〒466-0051　愛知県名古屋市昭和区御器所４－12－５

ＴＥＬ　052－269－3580　ＦＡＸ　052－269－3588

E-Mail：info@iris-fp.com　WEB：http://www.iris-fp.com